語《ご》感《かん》力《りょく》事典

日常会話からネーミングまで

大東文化大学教授
山口謠司

笠間書院

はじめに

「語感」は、「食感」と同じくらい大切な感覚です。

「食感」とは、甘い、辛《から》い、酸《す》っぱい、苦いなどの「味覚」を含《ふく》め、食物を口の中に入れたときに、口の中や喉《のど》などで受ける歯触《はざわ》り、舌触《したざわ》り、喉越《のどご》しなども含《ふく》めていうものです。

本当においしいものは、舌が感じる味覚だけではなく、喉《のど》を越《こ》して五臓六腑《ろっぷ》にまで染《し》みわたる食感にあふれています。そしてそれが健康な身体《からだ》を作ってくれます。

「語感」も同じではないでしょうか。

聞いて、心に染《し》みる言葉の感覚は、人の一生を左右する力にもなります。

しかし、心に染《し》み込《こ》むように言い分ける、聞き分ける語感を身に付けるためには、本当の食感を味わうと同じように、感覚を磨《みが》くための気づきや訓練が必要です。

無農薬の新鮮な採れたての野菜を食べること、本当においしいお料理を食べること、食感はこうしたことを繰《く》り返すことによって磨《みが》かれていくのではないかと思います。

もちろん、おいしさを堪能《たんのう》するためです。

生の採れたての野菜からは、人の手が加わる前の食感を味わうことができるでしょう。

おいしいレストラン、おいしい家庭料理では、ひとつまみの塩、ちょっとした火加減などで

変わってしまう繊細《せんさい》な料理から、微妙《びみょう》な味を知ることができるでしょう。

語感を磨《みが》くことは、人にどのような印象で、自分の思いを伝えるかということにもかかわるとても大切なことです。

心理学では、人は、第一印象で得たイメージを、対象の人に対して長く持つと言われています。

第一印象には、視覚的な感覚はもちろん、声の質、交わされた会話の中で印象的な語彙《ごい》なども含《ふく》まれます。

もし、あなたがここで汚《きたな》い言葉ばかりを使って話したとしたら、相手はどう思うでしょうか。

「ゲー、オレ、（スッ）ゲー、バカで　ガチ、バグばっかりなんだ」

こんなこと言う人と、友達になりたいなんて思いませんよね。

言葉が入って来た耳を洗いたくなるほど、ジャンクな言葉です。

これは、じつは語彙《ごい》の問題だけではありません。すでに語彙《ごい》を構成する語感に「下品さ」が滲《にじ》んでいるのです。「ゲー」「バカ」「ガチ」「バグ」のような濁音《だくおん》、とくに語頭に濁音《だくおん》のある言葉を聞くと、日本人は不快感を抱《いだ》くのです。「ガマ」「ギチギチ」「グズ」「ゲリ」「ゴミ」「ざまぁみろ」「ジロジロ」「ズリオチル」「ゼニ」「ババ」「ビリビリ」「ブタ」「ベッタリ」「ボツ」など、これら濁《だく》音《おん》で始まる言葉は、どれも下品な感じがするものです。

それは、日本語の〈かな〉に、濁音《だくおん》を表すための専用の文字がないということとも無関係ではありません。

濁音《だくおん》で始まる言葉は、わずかな擬音《ぎおん》語擬態《ぎたい》語を除いて、古代日本語には皆無《かいむ》なのです。

つまり、我《わ》が国の文化の根底には、「清音」を好む志向が流れていると言っても過言ではないでしょう。

ただ、清音と言っても、「あいうえお」から「を」や「ん」にいたるまで、それぞれ、語頭にあると語感として微妙《びみょう》な印象の違いを与《あた》えます。「さらり」と「すらり」、「たっぷり」と「なみなみ」、「めきめき」と「みるみるうちに」とでは、同じ意味の言葉でも、語感は全然違ってきます。

たとえば「さらり」と「すらり」ですが、「さ」からは「さわやかさ」、「す」からは一定の方向性を持つことが感じられます。

ほとんど同じ意味の類語なのですが、語感に敏感な人は、こうした微妙《びみょう》な違いを使い分けているのです。

「神は細部に宿る」とは、よく言われることですが、語感を磨《みが》き、細かなところに気を配り自在に言葉を使い分けることは、コミュニケーション能力を高めるためにも必要なことでしょう。

スマートフォンやタブレットの普及《ふきゅう》によって、以前に比べて音声を使ったコミュニケーショ

ンが確実に減少しつつあると言われます。

音声を使わないということは、自然、聴覚《ちょうかく》を使わないということにもつながります。はた聴《ちょう》覚《かく》に敏感《びんかん》さがなくなると、当然語感に対する感覚も鈍《にぶ》くなるでしょう。

じつは、この語感力の鈍感《どんかん》さは、「空気を読むことができない人」を生む大きな原因にもなっているのです。

日本人は、風の音、土の匂《にお》い、雨の降り方、鳥の囀《さえず》り……こうした自然の音を言葉として生かす力を育んで来ました。日本語の中に流れる語感は、まさに自然の逞《たくま》しさ、優《やさ》しさによって培《つちか》われたものなのです。

語感力とは、失われつつある自然にもっと耳を傾《かたむ》け、本来我々に備わった五感を取《と》り戻《もど》し、研《と》ぎ澄《す》ますために大切な力なのではないかと思います。

擬音《ぎおん》語擬態《ぎたい》語については多くの著作が出されていますが、語感力を磨《みが》くための本はほとんどありません。

本書が皆様《みなさま》に語感に対する気づきの一助となれば幸いに思います。

二〇二〇年七月吉日　菫雨白水堂にて　山口謠司　拝

語感力事典 目次

01

あ

【a】

あてなる、あかるい朝

明るい朝があけました！
新しい始まりを感じる語感の「あ」

「あ」は万物《ばんぶつ》の母

〈ひらがな〉の「あ」は、「安」という漢字の草書体から、また〈カタカナ〉の「ア」は、「阿《あ》」の左側「阝（こざとへん）」から作られました。

「阿吽《あうん》の呼吸」という言葉がありますが、「阿吽《あうん》」とは、古代インドのサンスクリット語の真言に空《くう》海《かい》（七七四〜八三五年）が漢字を当てはめて作った言葉です。これは、「阿《あ》」が宇宙の始まりを表し、「吽《うん》」が宇宙の終息を表すと言われています。

たとえば神社や仏閣には狛犬《こまいぬ》が置かれているのは皆《みな》さんよくご存知《ぞんじ》でしょうが、これは「阿吽《あうん》」を象徴《しょうちょう》したものです。

大きく口を開けた狛犬《こまいぬ》が「阿《あ》」、口を閉じている方が「吽《うん》」です。

それでは「阿《あ》」の狛犬《こまいぬ》は、「吽《うん》」の狛犬《こまいぬ》に対して、どの位置に置いてあるかご存知《ぞんじ》ですか?

答えは「阿《あ》」は東側、「吽《うん》」は西側に置かれているのです。

これは、太陽が上がる方向と無関係ではありません。太陽が上がることを万物《ばんぶつ》が生じることと合わせて象徴《しょうちょう》したのです。反対に西に沈《しず》む太陽は、万物《ばんぶつ》の終息することを象徴《しょうちょう》しているのです。

こうした空海《くうかい》の「阿吽《あうん》」の思想からすれば、「あ」という音は、万物《ばんぶつ》を産み出す根元であると言っても過言ではないでしょう。

明るい「あ」

「あ」で始まる言葉を見ていると、明るい感じのする言葉がたくさんあります。

たとえば、古語で「貴《とうと》いこと」「上品なこと」を言う言葉に「あて」というものがあります。

『枕草子《まくらのそうし》』(第四十二段)には「**あてなるもの。薄《うす》色に白襲《しらかさね》の汗衫《かざみ》。……水晶《すいしょう》の数珠《ずず》、藤《ふじ》の花、梅の花に雪のふりかかりたる**」と記されています。

この「あて」が派生して「あでやか」を作っていくことになります。

また「あか(赤・朱)」という色を表す言葉がありますが、これは「あかり(灯り・

明かり）」「あかるい（明）」や「明ける」などの語と関係があります。皓々《こうこう》たる光など、東の空に上がる太陽が明るく照らすことを象徴《しょうちょう》した「阿吽《あうん》」の「阿《あ》」に通じるものがあるのです。

さらに、「あさ（朝）」「あう（合う・会う・逢う・遭う・遇う）」というのも、何か新しいことが始まることを意味する言葉であることが分かりますね。

このように考えると、「あき（秋）」も、燃えるような紅葉の色や、ありがたい実りを表す言葉だということを感じることができます。

はたして、「アッと驚《おどろ》く」ことも、何かの始まりだと思うと、とても新鮮《しんせん》なことに思えて来ます！

声に出して言ってみよう

あざやか

「そしてそのとき初めて、廟《びょう》の額に、金碧《きんぺき》あざらかな四文字をはっきり見たのでした」（吉川英治《よしかわえいじ》『新・水滸伝《すいこでん》（三）』）。

「あざやか」に似た「あざらか」という言

あ い う え お

葉も十六世紀頃《ごろ》までありました。「あざらか」は魚肉などの鮮度《せんど》がいいことで、「あざやか」は人の目立った美しさを言うと区別して使われていました。

あどけない

「しかし私はこのあどけない少女に何故嘘《なぜうそ》を言わせなければならなかったか」（室生犀《むろうさい》星《せい》『或《あ》る少女の死まで』）。

「あどけない」という言葉は、「あどない」という言葉でも鎌倉《かまくら》時代から江戸《えど》時代前期頃《ごろ》まで使われていました。「あど」は諸説ありますが、「あ」が大きいこと、「ど」は「戸」で「大きく遮《さえぎ》るもの」を表しています。

あべこべ

「あべこべ」は、漢字で「彼方此方」となります。「彼方」は「あっち」とも読みます。遠く広がった向こうという意味です。彼方に大きく開いたことを表す言葉として「あっち」にも「あ」が使われています。

あんぐり

「そこからあたしたちは、ただあんぐりと口を開けて見ているしかなかった」（小野不《おのふ》由美《ゆみ》『悪霊《あくりょう》シリーズ6　悪霊《あくりょう》とよばないで』）。

驚《おどろ》いたり、呆《あき》れたりして、思わず口を大きく開けている状態をいう言葉ですが、赤ちゃんに御飯《ごはん》をあげるとき、「あーん」と言って、口を開けるのを真似《まね》させますね。まさにそれが「あんぐり」の「あん」です。だから本当は「あーん・ぐり」なのかもしれません。「ぐり」は「丸く大きい」ことを表しています。

02

い

【i】

いらいら、いやだ！

いいえ！　いっぱつ!!
一直線に進んでいく語感の「い」

「い」と「え」の違《ちが》い

〈ひらがな〉の「い」は、「以」という漢字の草書体から、また〈カタカナ〉の「イ」は「伊《い》」の「イ（にんべん）」から作られました。

古代には、あるいはヤ行の部分にも、「イ」よりもさらに口角を左右に広げて発音する「yi」の音があったのかもしれませんが、すでになくなってしまって、母音の「イ」と同じになってしまいました。

これは、ワ行の「ゐ（ヰ）」についても同じことが言えます。こちらは平安時代までは「ウィ」と発音して、「イ」とは異なる発音でしたが、鎌《かま》倉《くら》時代に入るとこの発音の区別がつかなくなってしまいました。

ところで、もう八十歳《さい》を越《こ》えた北関東の出身の

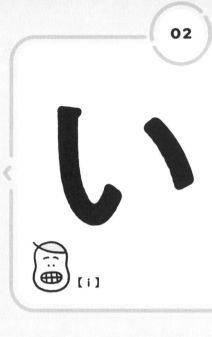

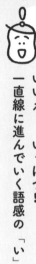

あ い う え お

先生が、授業中にこんなことを仰《おっしゃ》っていたことを覚えています。

「小学校で、初めて五十音図を習ったとき、『い』は初めの『イ』、『え』は後ろの『イ』と言うようにと教わったよ」

これは、「い」を発音するとき、口角を十分に左右に引っ張らず、また空気を口の前方で出すようにしないために、「え」と混同することになるからです。

「い」は、できるだけ口角を左右に引っ張り、そして矢を飛ばすような気持ちで発音するときれいです。

「い！」と相手に呼びかける

語感というところから言っても、「い」は、たとえば「烏賊《いか》」が海の中をスーッと矢のように泳ぐように、一直線に進んでいくような感じがあるのではないかと思います。

「いかり（怒り）」も、自分の望むことに反するものによって起こった感情の苛立《いらだ》ちが、針のように刺々《とげとげ》しく心に湧《わ》くものですね。

「イライラ」というのも同じでしょう。

『今昔物語集《こんじゃくものがたりしゅう》』（一一二〇年頃《ごろ》）には、「**い、其奴《やっこ》求めて来らむ**（おい、そいつが求めてくるだろうから）」、「い、己《おのれ》は猿《さる》にこそは有りけれ（おい、おれはさるなんだぜ）」のように、相手に直接、強く呼《よ》び掛《か》ける言葉としても使われていました。

「これはいい！」というときの「いい！」も、そのものズバリを一点で指しているような言い方です。語感とすれば、やはり「矢のように一点に向かって行く」という感じが強い音なのです。

声に出して言ってみよう

いいえ！

「言う」という言葉も「い」で始まりますね。誰《だれ》かに向かって言葉を発することです。方向性を感じる言葉です。同じように「いいえ」というのは相手の言葉を打ち消すときに使われますが、これも相手の言葉に対して、直接的にこちら側から否定の意思表示をするという意味で「い」の方向性の強さを感じます。

いくさ（戦）

今は、「いくさ（戦）」というと、兵と兵とが戦うことを意味します。これも敵対する相手との戦いであれば、「い」の語感が持つ方向性を十分に表していると言えるでしょう。ただ、『日本書紀』には、矢を射ることを「いくさ」と書いた例があります（「射《いくさ》を習う所を築く」持統《じとう》三年七月）。そうであれば、やはり、矢のようにまっすぐに相手に向かって行くような語感を「い」が持っていたということになるでしょう。

いざこざ

「他人の所有物をみだりに望んだために起こったいざこざは昔から多いものだ」（永《なが》井《い》隆《たかし》『ロザリオの鎖《くさり》』）。

この言葉は、一七五〇年頃《ごろ》までは「いさくさ」という言い方で使われていました。これは双方《そうほう》の意志がもつれあうことで起こる揉《も》め事《ごと》をいいます。やはり「い」は相手に対して自分の考えを一方的に言うことで、向かって行くことを示しています。

いらいら（苛々・刺々）

「いら」は、『新撰字鏡《しんせんじきょう》』（八九八〜九〇一年頃《ごろ》成立）に、「草木、芒《のぎ》などの植物で、人を刺《さ》すもの」と書かれています。また『重《じゅう》訂本草綱目啓蒙《ていほんぞうこうもくけいもう》』（一八四七年成立）には、クラゲの異名と見えます。

「いらいら」は、もともとは棘《とげ》などがたくさん出ていることを言ったもので、これが肌《はだ》などにチクチクと刺《さ》さること、そして心に刺々《とげとげ》しい気持ちが表れている状態を言うようになりました。こういう言葉にもやはり一直線に進むという語感が感じられます。

03

う

【u】

ううーん、きめられない

うんうんうなって、うめく
「定まらない」「漠然《ばくぜん》としている」
語感を持つ「う」

浮《う》いた状態の「う」

〈ひらがな〉〈カタカナ〉の「う」は「宇」という漢字から作られました。〈ひらがな〉は「宇」の草書体から、〈カタカナ〉は「宀《うかんむり》」の部分です。「宇」という漢字は、「宀《うかんむり》」が屋根、「于《う》」が「大きく曲がっていること」を表して、空間的に大きく広がる「空」全体を意味します。

日本語の「う」の音にもそういう語感があります。

それは、なにかまだ、定まらない感じと言っていいのかもしれません。

ある提案に対しての「うん」という返事はどうでしょう。「はい!」と言うと「一〇〇%賛成!」の感じがしますが、「うん」だと、本当に賛成しているのかどうか分からず「ちょっと保留」、も

あいうえお

しかしたら「うーん、やっぱりダメ!」となる可能性があるような気がします。

日本語には、英語やフランス語、ドイツ語などヨーロッパ諸語にある動詞の「(原形)不定詞」と呼ばれるものはありませんが、それでも辞書の項目《こうもく》としては、動詞の「終止形」で掲載《けいさい》されます。

不思議なことに、動詞の「終止形」は、すべて「う」段で終わります。

食べる、飲む、歌う、書く、話す、学ぶ……

もちろん、「終止形」と言い、言葉が終わるときに使う活用なのですが、しかしこれは、もしかしたらヨーロッパ諸語と同じように「原形不定詞」的なものなのかもしれません。「未然」「連用」「連体」「仮定」「命令」の活用は、「条件」による動詞の変化を表しますが、「う」で終わる「終止形」は、それぞれの条件にまったく影響《えいきょう》されず、ニュートラルで「浮《う》いた」状態であることを意味しているからです。

夢かうつつか

「定まらない状態」ということから言えば、「うち(中・内)」という言葉にもそういう語感があります。

「うち」の語源ははっきりとはしていませんが、内側に向かって空間的に漠然《ばくぜん》と広がっていることを表したり、「〜をしているうちに」という言い方でも漠然《ばくぜん》とした時間的な広がりを表したりします。

なにか、「漠然《ばくぜん》としていること」「浮《う》いていること」「確定していないこと」、そんな語感を持つのが「う」なのです。

「うつつ（現）」という言葉もありますね。

漢字で書くと「現」は「現実」を表す意味でも使われますが、日本語としての「うつつ」は、「正気がなくて、ぼんやりしている状態」、「いつ死んでもおかしくない不安定な自分の命」などを表します。

「う」には、ちょっと不安を抱《かか》えて、不確定な語感があるのです。

声に出して言ってみよう

うきうき

「心がうきうきする」と言います。

心が弾《はず》むこと、何かいいことがあってうれしいときに使いますが、これは鎌倉《かまくら》時代になってから使われるようになったもので、古くは、一〇六六年頃《ごろ》から一〇七七年頃《ごろ》に書かれた『狭《さ》衣《ごろも》物語』などでは、「気持ちが決まらないで、はっきりしないこと」という意味で使われていたのです。

うずく

「痛い」というと、ある特定の部分が奥《おく》の方まで向かってくるような「いたさ」を言いますが、同じ「いたさ」でも「うずく」というと、「どくどく」「ずきずき」と動くような感じがします。「うずく」は「動く」と同じ語源を持っているのではないかという説もあります。

さらに「うずく」は、「**好奇心《こうきしん》がうずく**」（坂口安《さかぐちあん》吾《ご》『白痴《はくち》』）のように「ある感情に動かされて、心が落ち着かない」ということを表す言葉でもあったのです。

うらら（か）

「**春のうららの隅田《すみだ》川♪**」という武島《たけしま》羽《は》衣《ごろも》作詞、滝廉《たきれん》太郎《たろう》作曲の「花」という名曲があります。「うららか」は、空が晴れて太陽が明るくのどかに、暑くもなく寒くもなく照《て》り輝《かがや》いていることを表します。また心がさっぱりしていることもいいますが、どちらにしても「虚《きょ》（空）」という捉《とら》えどころのない「空洞《くうどう》」感を感じる言葉です。

04

え

【e】

えへん！えらいだろう!!

赤ちゃんは「えーん」と泣く子どもっぽさを演出する語感の「え」

イェー！

「良い」という言葉を「いい」と言いますが、「ええ」と言う地方もあります。方言には「い」と「え」の発音が区別できないところも少なくありません。五十音図の中での書き分けはありませんが、『万葉集』の時代にはヤ行の「イェ」とア行の「エ」の発音上の区別がありました。

同じように、太平洋戦争が終わるまではワ行の「ゑ（ヱ）」も「ウェ」と発音されてあったのですが、これも消えて「え（エ）」となってしまいました。

〈ひらがな〉の「え」は「衣」の草書体からできました。「衣」の字は平安時代の発音は「イェ」でした。これはヤ行の発音があった時代の名残《なごり》なのです。また、〈カタカナ〉の「エ」は、「江《え》」の

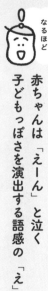

右側が利用されたものです。この発音も「江戸《えど》」を、江戸《えど》時代初期にいたヨーロッパ人がローマ字表記をしているのを参照すると「Yedo」と書かれるように、「イェ」だったのです。

方言で「い」と「え」が区別されないというのは、ヤ行の「イェ」とア行の「エ」が一緒《いっしょ》になってしまったことと無関係ではないのかもしれません。

「え」で始まる日本語は少ない！

さて、「え」については、驚《おどろ》くべきことがあります。

それは、ヤ行の「イェ」とア行の「エ」とワ行の「ウェ」の三つの音が「エ」で統合されたにもかかわらず、他の母音の言葉に比べてみても圧倒《あっとう》的に「え」で始まる語彙《ごい》数が少ないのです。

ところで、「エ」の音で始まる言葉は、幼稚《ようち》な感じのするものが少なくありません。

『日本書紀』『古事記』には、「兄」を「あに」ではなく「え（イェ）」と呼んでいたと記されています。この「え」の語源は分かりませんが、小さい子どものときからずっと「兄」を「え」と呼んでいることの名残《なごり》であろうと考えられます。

また、「え」は、『日本書紀』には嘆息《たんそく》したり、苦痛を訴《うった》えたりするときの言葉として使われています。
これは、今なお「えーん」という懇願《こんがん》を表す子どもの泣き声として残っています。
それに、一番われわれが「え」の音を使うのは、言いよどんだときに、つなぎとして発するときでしょう。これもやっぱり幼稚《ようち》なところを表しています。

声に出して言ってみよう

えい

『宇治拾遺物語《うじしゅういものがたり》』（巻一の十二）に載《の》っている話のひとつに「児《ちご》のそら寝《ね》」というものがあります。

夜中、先輩《せんぱい》のお坊《ぼう》さんたちが、牡丹餅《ぼたもち》を作ると言い始めました。稚児《ちご》の僧《そう》は寝《ね》たふりをしてできるのを待っています。

いよいよ牡丹餅《ぼたもち》ができて、先輩《せんぱい》が起こしてくれるのを待っていると、やがて「おい」と声を掛《か》けてくれます。しかし、一回で返事をすると、できるのを待っていたなと思われるかなぁと思って、もう一度声を掛《か》けてくれるのを待ちます。

しかし、誰《だれ》も声を掛《か》けてはくれず、かえって「小さな人は、もう寝《ね》たから起こすま

あいうえお

い」という声が聞こえます。

自分だけ牡丹餅《ぼたもち》が食べられなくなってしまう……と、しばらく時間が経《た》ってから稚《ち》児《ご》の僧《そう》は返事をすると、先輩《せんぱい》たちがドッと笑ったという話です。

さて、最後の稚児《ちご》の僧《そう》の返事として書かれているのが「えい」という言葉です。

現代語なら「はい!」となるのでしょうが、稚児《ちご》ゆえにでしょうか「えい」と返事をしています。ここぞ!　というときに出す「えいえいおー」も、この「えい」から出てくる言葉ですが、幼児っぽい言葉という感じは拭《ぬぐ》えません。

えちえち

「えちおち」「よちよち」「えちらえちら」「えっちらおっちら」というバリエーションがある言い方ですが、すべて「えちえち」から派生して出てきた言葉のようです。思うように歩けない様子を表します。赤ちゃんが「よちよち歩きをする」と言いますが、これも古くは「えちえち歩き」と言われていたようです。

えんやら

明治四十五年の文部省唱歌「漁船」に**「えんやら、えんやら、艪拍子《ろびょうし》そろえて、朝日の港を漕出《こぎだ》す漁船」**という句があります。力を込《こ》めて船の艪《ろ》を漕《こ》ぐときの掛《か》け声《ごえ》ですが、艪《ろ》で漕《こ》ぐと、船は左右に揺《ゆ》れてまるで「えちえち」と歩くように進んで行きます。「えんやら」はもちろん掛《か》け声《ごえ》なのでしょうが、それとともに動く船の進みを応援《おうえん》する掛《か》け声《ごえ》なのかもしれません。

05

お

【o】

雄《お》叫《たけ》び、オーー！

おかあさん、おとうさん！
呼《よ》び掛《か》けの語感がある「お」

「お」と「を」の音の違《ちが》いが分からない

「おー」と叫《さけ》ぶとき、思わず手のひらを口の両側に開いて添《そ》えて、自分の叫《さけ》びが拡散しないで、遠くへ向かうようにしたくなります。

さて、われわれはア行の「お」とワ行の「を」の発音の区別をほとんどしていません。じつは、区別ができなくなったのは、平安時代末期から鎌《かま》倉《くら》時代初めにかけてだったのです。

藤原定家《ふじわらのさだいえ》（一一六二～一二四一年）は、和歌を書くときに、「お」で書くべきか、「を」で書くべきか、悩《なや》んだのでした。

ところで、「お」という〈ひらがな〉は「於《お》」の草書体、〈カタカナ〉は「於《お》」の草書体の左側だけを採って作られました。この「於《お》」という漢字は、カラスの鳴き声を表すものです。カラスは

あいうえお

「カァー」と鳴くように日本人は聞きますが、これもあるいは「オー」と雄叫《おたけ》びを上げるような音に近いのではないでしょうか。

また「を」は「遠」という字の草書体から作られました。〈カタカナ〉の「ヲ」は、胸から上がってきた息を口から吐《は》くということから作られた漢字「乎《こ》」の字が変形してできたものです。漢文では疑問を表すために文末につけられる「か？」という意味で使われます。

たまたまなのかもしれませんが「遠くまで」「息を吐《は》く」という漢字が「を（ヲ）」という日本語を表す〈ひらがな〉〈カタカナ〉のもとになっているのは、とてもおもしろいと思うのです。

「を」は叫《さけ》びから

目的を示す格助詞に「を」というのがあります。

「ごはん　を　食べる」「電車　を　待つ」……でも、「を」は必ずしも書かれる必要はありません。「ごはん　食べる」「電車　待つ」でも構いません。

これは、現代日本語に限ったことではありません。奈良《なら》時代から、ずっと目的を示す「を」は、文章によって使われたり、使われなかったりしています。

じつは、この「を」は、強調していることを表していて、叫《さけ》びに語源があると著名な日本語文法学者、松尾聡《まつおさとし》は言うのです。

そういえば、芭蕉《ばしょう》の有名な句、

五月雨《さみだれ》をあつめて早し最上川《もがみがわ》

の「を」は、ただの目的を示す格助詞などではなく、もっと強く荒々《あらあら》しいものに感じられてくるのではないでしょうか。

ぜひ、「五月雨《さみだれ》ウォォォォ」と力を込《こ》めて読んで欲しいと思うのです。

声に出して言ってみよう

おい！

男性が、ぞんざいに、人に呼《よ》び掛《か》けるときに使う言葉に、現代語の「おい！」というのがあります。ですが、この「おい！」は、『枕草子《まくらのそうし》』では「あ！」と何かを思いついたときの「おどろき」の言葉として使われています。

「おい」は、「おい、そこの君……」など、注意を促《うなが》すときにも使われますが、胸の奥《おく》の方から手を出したくなるようなときに使われる語感があるのではないかと思います。

おずおず

「おそれる」という意味の「怖《ふ》」を重ねて作られた言葉で、平安時代から使われています。「おどおど」「おじおじ」という言葉でも同じですが、「おそろしい」の「お」も、「おどろき」の「お」と共通で、内側から外側を見て、なんだか得体の知れないものに、心が動かされるという語感があります。

「おい」という呼《よ》び掛《か》けの言葉も、「こちら側」から「外側」にいるものに対しての言葉だとすれば、「お」には「外部への働きかけ」という意識がこめられているのかもしれません。

おろおろ

江戸《えど》時代以降になって現れる擬態《ぎたい》語です。「愚《おろ》か」の「おろ」が重なって作られたという説もあるように「あわてふためく状態」を表す言葉です。ですが、「お」は「遠い」という意味で、「ろ」は『万葉集』の東国方言に見える「聞き手に働きかける呼び声」に由来するのかもしれません。だとすれば「おろおろ」は、「あいつは、慌《あわ》てて、どっか遠いところに行こうとしているんじゃないかい」というニュアンスがあるとも言えるのではないでしょうか。

06

か

【ka】

カタいカラのカメ

なるほど

辛《から》いものを食べると「カラー」
硬《かた》いものを食べると「カター」
「かたい」「強い」語感を持つ「か」

「呵々《かか》」という激しい笑い声

「か」という〈ひらがな〉は「加」の草書体から、〈カタカナ〉の「カ」は「加」の左側から作られました。

さて、大声で笑うことを「呵々大笑《かかたいしょう》」と言います。

「呵《か》」は、「口」と「可」の組み合わせです。

「可」は、「口」と、直角に折れ曲がる「┐」の記号を合わせて作られていますが、これは、お腹《なか》から出てくる息が、喉《のど》のところで直角に口に向かって曲がり、声が出ることを描《えが》いたものなのです。

とすれば、「呵々《かか》」は喉《のど》の奥《おく》から出てくる音をそのまま表していることになるでしょう。

「ほほほ」とか「ふふふ」と笑うのに対して、「呵々《かか》」という笑い声は、刺《さ》すような激しさが感

かきくけこ

じられるのではないでしょうか。

硬《かた》い殻《から》に守られたカメ

江戸《えど》時代の雑俳『柳筥《やないばこ》』に「**どんどんかかか不断着の儘《まま》で乗り**」というものがあります。「どんどんかかか」は、太鼓《たいこ》の音を表していますが、「どんどん」の部分は太鼓《たいこ》の皮で蔽《おお》われた「鼓面《つづみ》」を打つ音、「かかか」は「縁《ふち》」の部分を打つ音です。「カツカツカツ」と硬《かた》い棒と硬《かた》い太鼓《たいこ》の外側の「殻《から》」がかち合って出る音が想像できますね。

「殻《から》」あるいは「カラダ」という言葉も「か」で始まりますが、これは内側にあるものを守るための強い硬《かた》いものを表している語感があります。

「カメ（亀）」の語源は、『大言海』によれば「殻体《かいみ》」、『日本語源学』によれば「殻身《からみ》骨《ほね》」の略だとされます。

「かた（硬）い」「から（殻）」の「からだ（体）」というところからすれば、「か」には「強さ」「かた（硬・固・堅）さ」を表す語感を象徴《しょうちょう》しているのではないかと思います。

石坂洋次郎《いしざかようじろう》の『若い人』（上・二四）に「**之《これ》を要するに、人間は日頃堅固《ひごろけんご》だと信じてゐる常識の殻《から》からふとした機会には造作無く抜け出《ぬで》られるものだといふことを実験し**

た訳です」という言葉があります。

「常識の殻《から》」というのは、常識というもので強く堅《かた》く守られた外壁《がいへき》です。

それにしても「か」という発音をするには、喉《のど》の奥《おく》から音を吐《は》き出《だ》さないといけません。これは「は」についても同じです。お母さんのことを「カカァ（嬶）」という言い方がありますが、じつは「ファファ」と発音されていた「はは（母）」が江戸《えど》時代になって、喉《のど》の奥《おく》から「はは」と発音されるようになるときに、「かかぁ」という言い方が生まれてきたのです。

声に出して言ってみよう

かお

「勿論《もちろん》表面では、今でもさほど気にならないような顔をしてすましている」（芥川龍《あくたがわりゅう》之介《のすけ》『鼻』）。


「かお」は、もちろん「目、鼻、口」などが付いた頭部の前面をいう意味もありますが、「体面」という意味もあります。

これは、世間に対する面目だったり、体裁だったりする意味です。「体面が傷つけ

かきくけこ

られた」とか「体面を守る」という使い方をしますが、これは自分が自分を守るために作った「殻《から》」に他なりません。「硬《かた》くて強い」殻《から》が傷つけられると、人は傷ついたりするものです。

かたい

「特別に口の堅《かた》い冷静な人間が選ばれているはずだが、口調が震《ふる》えている」（小川一水《おがわいっすい》『時砂《ときすな》の王』）。

漢字では「かたい」は「硬い」「固い」「堅い」と書くことができます。「硬《こう》」は「石のようにピンと張《は》り詰《つ》めた状態」を表します。「固」の「口」は石棺《せっかん》、中の「古」は死体を表します。どちらもかたくて強いものですね。「堅」の、「臤」は「臣下が、張《は》り詰《つ》めた状態で身体《からだ》を硬直《こうちょく》していること」。「土」が付いてそれをさらに強調しています。日本語の「かたい」もこれらの漢字の意味をよく表しています。

からい

「グヤーシュの他には、じゃがいもや鳥を使った素朴《そぼく》な料理が多かったが、どの料理もパプリカを使ってピリッと辛《から》い味付けになっているのが特色のようだ」（川本三郎《かわもとさぶろう》『ちょっとそこまで』）。

「からい」は漢字では「辛い」「鹹い」「苛い」と書き分けることができます。「辛」という漢字は、ナイフを描《えが》いた象形文字がもとになっています。強く刺《さ》すことです。「鹹」は塩味の強いこと。また「苛」は食べると喉《のど》が痛くなる草が語源です。どちらも味覚として激しいものを表します。

07

き

【ki】

キラキラ光る

なるほど

キーキーと甲高《かんだか》い声
鋭く、他のものを「切り離《はな》す」
「際立たせる」語感がある「き」

「きっかり」は「ぴったり」とは違《ちが》う

〈ひらがな〉の「き」も〈カタカナ〉の「キ」も
どちらも漢字の「幾」の草書体から作られました。「幾」は、「幺《よう》」が小さな糸くず、「戍《じゅ》」が戈《ほこ》などの刃物《はもの》を表し、刃物《はもの》で小さく切り刻むということを意味します。

物を「きる」には、漢字として「切」「伐」「斬」「截」「剪」などを当てることができますが、どれもつながっているものを断つこと、物事に区切りをつけること、際立つような動作をすることなどを表します。

「きる」の語源には幾《いく》つか説がありますが、江戸時代後期の語源辞書『和訓栞《わくんのしおり》』には「刃《は》」を「キ」と呼んだことに由来すると記されます。

また『国語の語根と其《そ》の分類』には「生命の力

の働きを表す『キ』の音を基《もと》とした擬声語《ぎせいご》」とされています。

「きっかり」という言葉があります。時間や数字が正確で余りもなければ足りないこともない状態を言います。「ぴったり」とも言《い》い替《か》えることができますが、「ぴったり」と「きっかり」では、やはり語感が違《ちが》います。

「ぴったり」は貼《は》り付《つ》くような感じで、その場所や雰囲気《ふんいき》、規準にしっくり合う場合に使います。

これに対して「きっかり」は、まるで刃物《はもの》で切ったように、正確に、しかもくっきりと際立っているときに使います。

やはり、「き（キ）」には「断ち切って際立たせる」という語感があるのです。

「きびきび」、いきいきと生きたい！

谷崎潤一郎《たにざきじゅんいちろう》『蓼喰《たでく》う虫』に「東京の芝居《しばい》や音曲にはさすが江戸《えど》人のきびきびとしたスマートな気風が出ているのに、義太夫《ぎだゆう》は飽《あ》くまで太々《ふてぶて》しく徳川時代趣味《しゅみ》に執着《しゅうちゃく》しているところが、到底傍《とうていそば》へも寄りつけないように思えたのであった」という文章があります。

「きびきび」は、動作や態度がはきはきして引《ひ》き締《し》まったことをいう擬態《ぎたい》語ですが、

「きび（厳）しい」という言葉が語根にあります。

「厳しい」とは、「人に対する要求が容赦《ようしゃ》ないこと」「苛酷《かこく》であること」「緩《ゆる》みがなく詰《つ》まっていること」などを表しますが、これもまた感情などを「断ち切って」ギリギリのところまで迫《せま》る感じを受けます。

それと同時に「きびきび」は「いきいき」としている感じも受けますね。

谷崎《たにざき》は「きびきびとしたスマートな気風」と使っていますが、時代の最先端《さいせんたん》にあって、他の追随《ついずい》を許さず、いきいきと物事をやっている感じを受ける言葉です。

声に出して言ってみよう

きゃー

「きゃーっと鋭《するど》い悲鳴をあげて、佳枝はその場に気を失って倒《たお》れてしまった」（高木彬《たかぎあき》光《みつ》『姿なき女』）。

日本の女性が怖《こわ》いものを見たりしたときに出す甲高《かんだか》い「きゃー」という声、同じような場面を洋画で探してみて下さい。ヨーロッパの女性は「キャー」とは言わず「アー」と叫《さけ》ぶんです。「キャー」は、日本人

かきくけこ

特有の叫《さけ》び声《ごえ》。空間を切《き》り裂《さ》くという無意識の意味があるのかもしれません。

きゃらめる

砂糖、水飴《みずあめ》、牛乳などを煮《に》て固めて作られたキャラメルは、明治時代の後半に商品化されて以来、百年以上子どもが大好きなお菓子《かし》です。当時は「カラメル」とも呼ばれましたが、「キャラメル」の方が断然、魅力的《みりょくてき》です。どうしてでしょうか。「ハイカラ」な感じがするのと、甘《あま》さが深く強く染《し》み込《こ》んでいく感じがするからではないかと思います。

きゅーん

「腿《もも》と腿《もも》が合流するあたりから、脳天へきゅーんと異様な感覚が走って、秀介《ひでゆき》は狼狽《ろうばい》した」（辻真先《つじまさき》『私のハートに、あなたのメスを』）。

「胸がきゅーんとする」は、感動して胸が締《し》め付《つ》けられるようなときに使います。

「きゅっ」というオノマトペがもとになってできた言葉ですが、「きゅっ」は力を入れて一気に雑巾《ぞうきん》などを絞《しぼ》り上《あ》げるときに使います。前に挙げた「厳しい」という言葉との関係があるのでしょう。

きょとん

「私はなんのことかわからずにきょとんとして先生の顔を見ていた」と中勘助《なかかんすけ》『銀の匙《さじ》』に書かれていますが、「きょとん」とはその場の状況《じょうきょう》が分からずに茫然《ぼうぜん》としている状態です。「きょ」という擬態《ぎたい》語もありますが、これは「あきれたさま」も言います。空間が切り取られた状態です。

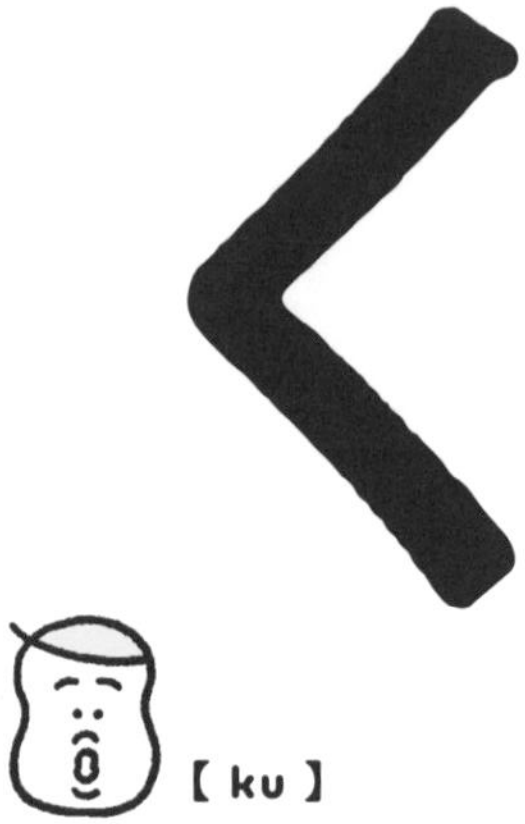

【ku】

根性もくすくす！

暗く、臭《くさ》く、苦しい……
くぐもって丸くなった語感の「く」

くしゃくしゃになった遺書

〈ひらがな〉の「く」、〈カタカナ〉の「ク」、どちらも漢字の「久」から作られました。

「久」という漢字は「長く、くねって流れる川」を描《えが》いた象形文字がもとになっています。「くねる」という言葉は、「曲ねる」「拗ねる」と漢字で当てられることがありますが、語源は「繰《く》り練《ね》る」（『大言海』）とされ、くねくねと曲がった「墻《かきね》」を「くね」、畑などの曲がった道「畔《あぜ》」を「くろ」と呼んだりするのと同じ「回る」ということを表す「く」という音が語根になっている（大島正健《おおしままさたけ》）と言われています。

「く」の音には、なにか「曲がったり」「回ったり」している語感があると言っていいでしょう。

たとえば**「金田一耕助《きんだいちこうすけ》がとり出したのは、涙《なみだ》で**

くしゃくしゃになった遺書だった」（横溝正史《よこみぞせいし》『死神《しにがみ》の矢』）という文章があります。

この「くしゃくしゃ」から、どんな印象を受けますか？

この遺書は、ただ、「丸められた」という感じではありませんね。

何度も握《にぎ》って、丸めて、もみくちゃになって、しかも涙《なみだ》で濡《ぬ》れている状態の遺書なのです。

「くしゃくしゃ」の「しゃ」には、「皺《しわ》がたくさん入った状態」を表す語感がありますが、「く」の部分には、丸められて、その折り目などが内側に向かってどんどん入っていく様子を表す語感が感じられるのではないでしょうか。

「くすくす」という笑い方

日本語には、さまざまな「笑い方」を表す擬音《ぎおん》語、擬態《ぎたい》語があります。

「ガハハ」と笑えば、大きな口を開けて、おじさんが品なく笑っている印象を受けます。

「ふふふ」だと、年輩《ねんぱい》の女性が手を口に当てて、恥《は》ずかしそうに微笑《ほほえ》んでいる感じがします。

それでは「くすくす」の笑い方はどうでしょう。

夏目漱石《なつめそうせき》の『坊《ぼ》っちゃん』に「**とんだことでと口で言うが、心のうちではこのばか**

がと思ってるに相違《そうい》ない。それでなければああいうふうにささやき合ってはくすくすと笑うわけがない」という文章があります。

「くすくす」という笑いには、「心のうちではばかがと思ってる」ことを隠《かく》して表に出さず、ひそやかに笑うことを言います。

ところで、「くすくす」には、笑うこと以外にもうひとつ意味があります。樋口一葉《ひぐちいちよう》『たけくらべ』に「**根生《こんじょう》がくすくすして居るのだもの憎《に》くらしかろうではないか**」という文章が見えます。

ここで使われる「くすくす」は「性格が陰険《いんけん》でねじ曲がっている」ということを表し、「くすぶる」から派生したものと言われます。

つまり、この「くすくす」も、曲がってクネクネしていることなのです。

声に出して言ってみよう

くたくた

「くたくたに疲《つか》れる」と言います。鎌倉《かまくら》時代からある言葉で、『古今著聞集《ここんちょもんじゅう》』（一二五

かきくけこ

四年）には「**法師はくたくたと絶入《たえいり》て、わづかに息ばかりぞかよひける**」とあります。「法師は、疲《つか》れて弱って、くたくたと倒《たお》れ、わずかに息をしているばかりだった」というのです。「くたくた」は「くたびれる」という動詞にもなります。また、「くたくた」は、ものが形を失うほどに煮《に》えたときにも使います。固い物の角が取れて、どんどん丸くなり、最後に形もなくなり、息も絶え絶えになる感じです。

くどくど

「**その調査をしてくれというのだが、くどくどとその話をつづけていた**」（松本清張《まつもとせいちょう》『事故　別冊黒い画集1』）。

「くどい」は漢字では「冗い」と書きます。「冗《じょう》」は「仕事がなくてたるんでいる人」を本来描《えが》いた文字で、「ごたごたとしてだらしがない」の意味で使われます。「くどくど」は、「くどい」から派生して江戸《えど》時代に入ってから使われるようになりますが、曲がりくねってまったく結論が見えない話を喩《たと》えるときに使いますね。

くよくよ

済んだことをいつまでも気にしていることを「くよくよ」という言葉で表します。古くは「くやくや」「くゆくゆ」とも言っていました。あれでもない、これでもないと曲がりくねったように思《おも》い煩《わずら》うことを言いますが、『名語記《みょうごき》』（鎌倉《かまくら》時代の語源書）には「**心中にくゆくゆ物おもふは、思をけたぬ心か**」と記されています。思いが消えずに煙《けむり》のようにゆらゆらしているというのです。

09

け

【ke】

けばけばした人がケラケラ笑う

「(け)蹴る」「けしき」「け(毛)」「けが(怪我)」「けちけち」「外側」という語感がある「け」

「けさけさ」と美しく、「けそけそ」と厚かましく

〈ひらがな〉の「け」は「計」、〈カタカナ〉の「ケ」は「介《かい》」のそれぞれ草書体から作られました。

「計」は、「数を数える」という意味で使われますが、もともとは「まとめて伝える」という意味で作られました。「計」の「十」の部分が「ばらばらのものを一つにまとめる」ということを、また「言」が「言葉にして伝える」ことを表します。すなわち、具体的なことを抽象《ちゅうしょう》的にまとめて、「外部」の人にも分かるようにすることです。

「介《かい》」は、「両側に二つに分かれる」ことを描《えが》いた象形文字で、このことから「両側から助ける」という意味になりました。こちらも「両側」とい

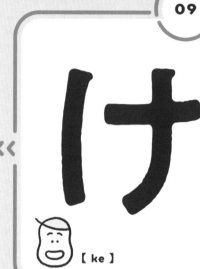

うことからすれば「外側」という意味にもつながるのではないでしょうか。

さて、「けさけさ」という擬態語《ぎたい》が平安時代にありました。

「**日のはなやかにさし出《い》でたるほど、けさけさと物きよげなるさましてゐ給《たま》へり**」と『源氏物語』（野分《のわき》）に書かれています。「お日さまの光がきらきらと射《さ》すように、鮮《あざ》やかにいかにも清らかで美しい様子でいらっしゃいました」という意味ですが、「外見の美しさ、きらびやかさ」をいう言葉です。

また、今ではほとんど使われませんが「けそけそ」という擬態語《ぎたい》もありました。長《なが》塚節《つかたかし》の『土』に「**そうして翌朝はけそけそと癒《なお》って駆《か》け出《だ》したのであった**」と使われていますが、『俚言集覧《りげんしゅうらん》』（一七九七年頃《ごろ》成立）という辞書には「靦然《てんぜん》の意」と記されています。「靦《てん》」とはもともと「面《つら》の皮」の意味で「顔つきが厚かましい」の意味に派生して使われます。これに似た言葉に「けろりん」もあります。心の中ではどう感じているか分かりませんが、表面上「けろん」として何もなかったようにしている。これも、やはり、「外側」を表す言葉ですね。

「けばけば」と毛が立ち、「けちけち」と物がぶつかる

ところで「け（毛）」というのも、身体《からだ》の表面（外側）に生えたものです。

「けばけば」は、この「け（毛）」が語幹になって作られた言葉だと思われますが、谷崎潤一郎《たにざきじゅんいちろう》の『少年』には「**美濃紙《みのかみ》の表紙を開くと、黴臭《かびくさ》いケバケバの立って居る紙の面に……**」と使われています。

「けばけば」も表面から外側に向かってもわもわと小さな紙の繊維《せんい》が立っているところが想像できます。

また「けが（怪我）」も、身体《からだ》の外側を傷つけることです。

「けちけち」という言葉は、今では「けちけちする」と、わずかな出費や労力なども惜《お》しむことをいいますが、もともとは石や鉄などの堅《かた》いものがぶつかる音を表す擬音《ぎおん》語でした。これも表面（外側）と関係がありますね。

声に出して言ってみよう

けちょんけちょん

「この怪力《かいりき》の持ち主が、もしまた、カッと腹をたてでもしたら、ジェフなんて、けちょんけちょんに叩《たた》きのめされてしまうに違《ちが》いないのですから」（久美沙織《くみさおり》『小説版

MOTHER2《マザー》』）。

語源の詳《くわ》しいことは分かりませんが、「けちょんけちょん」の「け」は「気」ではないかと考えられます。「ちょん」は、鋭《するど》い刃物《はもの》で断ち切ること。「けちょん」は、気持ちを外側に出して攻撃《こうげき》すること。ここから「相手をやり込《こ》める」という意味になったのです。

けもけも

福井県《ふくいけん》の方言に「けもけも」というのがあるそうです。「け」は「毛」です。「けもけも」は繊維《せんい》が古くなって毛羽《けば》だっている状態を言うのだそうです。

また「けもくぞ」という「毛深い人」のことをいう言い方が、岐阜県《ぎふけん》、愛知県、鹿《か》児島県《ごしまけん》にあります。宮崎県《みやざきけん》では毛虫のことを「けんくぞお」と呼ぶそうです。

けらけら

「その言葉の意味を理解する前に、みゆきが腰《こし》を止めて、けらけらと笑った」（重松《しげまつ》清《きよし》『疾走《しっそう》（下）』）。

「けらけら笑う」という笑い方はどんな笑い方でしょうか。「げらげら」だと、大声で人を馬鹿《ばか》にした笑い声になりますが、「けらけら」だとちょっとだけ小馬鹿《こばか》にしたように甲高《かんだか》く笑って、外に向かって笑い飛ばすという感じになります。

10

こ

【ko】

かわいい「子」、小さな「子」

なるほど

「こ（籠）もる」「こい（恋）」「子ども」
内側に小さく入って来る語感の「こ」

「こ！」と呼ばれて、ハッとする

〈ひらがな〉の「こ」、〈カタカナ〉の「コ」、どちらも「己」という漢字から作られました。〈ひらがな〉の方は、「己」の草書体、〈カタカナ〉の方は「己」の上の部分だけを取ったものです。

「己」は、人に呼ばれて「ハッ」として身体《からだ》を起こすのがもともとの意味だと言われています。「自分」を呼び起こすことです。その意味で「こ」は、『遊子方言《ゆうしほうげん》』（一七七〇年刊）には「**こ。はな（鼻）のさき（先）へつば（唾）をつけさっしゃい**」と書かれています。この「こ。」は呼《よ》び掛《か》けの言葉で、現代語であれば「これ」とか「これこれ」に当たるものです。

また、返事をするのに「こくっ」と首を縦に振《ふ》

ってうなずくというのもあります。

これらは、外側に向いていた意識が、急に内側に入って来ることを表すのではないでしょうか。

明治天皇愛読書のひとつだった中村正直《なかむらまさなお》訳『西国立志編《さいごくりっしへん》』（一八七〇〜七一年刊）に**「縦《たと》い叢脞《そうさ》なる職務と雖《いえ》ども、善く為《な》し得たらんには、必ず成効あるべし」**とあり、「叢脞《そうさ》」の意味を中村は、注を付けて「コザコザ」と書いています。

「コザコザ」とは、物事が細かく入り交じったことを言う言葉で室町《むろまち》時代頃《ごろ》から盛んに使われていました。「こ」には、もちろん「小さい」「こま（細）かい」ことをいうものではありますが、ただそれだけではなく、「入り交じる」ような「内側へのベクトル」も語感として持っているのです。

中にこもっていたいのです

「こせこせする」という言葉があります。

「これから後は日本などでこせこせと仕事して居るのは馬鹿《ばか》を見るようになるだろう」と正岡子規《まさおかしき》は『病牀六尺《びょうしょうろくしゃく》』に書いています。

「こせこせ」は「気持ちや態度にゆとりがない状態」を表す擬態《ぎたい》語として使われます

が、「こせ」の語源は「小狭《こせ》」（『和訓栞《わくんのしおり》』『大言海』）とされます。ですが、ただ「小さくて狭《せま》い」というのではなく、外に出る意志もなく、その内側の小さく狭《せま》いところで焦《あせ》っていることを表しているのです。

「こつこつ」という擬音《ぎおん》語はどうでしょう。

たとえば、スイカがおいしいかどうか、スイカの表面を中指の第二関節で「こつこつ」叩《たた》くことはありませんか？　これも「外側から内側に向かって、音を響《ひび》かせること」なのです。

そういえば「こ（子）ども」というのも、まだ独立して外に一人立ちして存在することができないから「こ（子）ども」と呼ぶのかもしれませんね。

声に出して言ってみよう

こっそり

「信仰《しんこう》というものは、黙《だま》ってこっそり持っているのが、ほんとうで無いのか」（『鷗《かもめ》』）と、太宰治《だざいおさむ》は書いています。「ひっそり」だと人に知られないように隠《かく》すことが主眼

かきくけこ

となっていますが、「こっそり」だと、心の中の「自分の念《おも》い」を大事にするというところにフォーカスされていますね。

ことこと（煮《に》える）

「自然に出来た苺《いちご》自体の煮汁《にじる》で弱火でコトコトと時間をかけて煮詰《につ》めて行く。ぷくぷくと白い泡《あわ》が出てくるのを掬《すく》いながら」（若合春侑《わかいすう》『無花果日誌《いちじくにっし》』）。

「ことこと煮《に》える」は、「ぐらぐら煮《に》える」と大きな違《ちが》いが感じられます。「ぐらぐら」だと、お湯のようなサラサラしたものが、大きな泡《あわ》を吐《は》き出《だ》しながら大きな釜《かま》で煮《に》られているような感じがします。これに対して「ことこと」は、シチューなどとろりとしたものが、「内側から」小さな泡《あわ》を出して、ゆっくり煮《に》えている語感を感じます。

こんこん

咳《せき》をする音としての「こんこん」は、小さく喉《のど》の奥《おく》に何かが引っかかったのを取るようにすることを表します。

雪が降る状態を表す「こんこん」は、重々しくゆっくり地面の深いところまで落ちて行くような感じを受けます。

もうひとつ、「こんこん」には、深く眠《ねむ》っていることを表す意味があります。夢という自分だけの世界の中に入《はい》り込《こ》んで、外からの反応をまったく受けないくらい眠《ねむ》っている状態です。**「かんじんの邦雄《くにお》は薬のききめで、こんこんと眠《ねむ》りつづけているのである」**（横溝正史《よこみぞせいし》『黄金の指紋《しもん》』）。

column 01

かわいい日本語！

昨今、海外の人が日本にたくさんいらっしゃいます。

来てみて、まず、驚《おどろ》くのは……なんてきれいなところ！ ゴミひとつ落ちていない!! ということ。それから、日本語について言えば、なんてかわいい言葉なの！ ということです。

詳《くわ》しく聞いてみると、「**プルプル**」「**ニョキニョキ**」などという擬《ぎ》音《おん》語・擬《ぎ》態《たい》語は、他の外国語には決してない「かわいさ」があるというのです。

外国語に比べると、日本語は、オノマトペと呼ばれる擬《ぎ》音《おん》語や擬《ぎ》態《たい》語が非常に多いと言われます。

フランス語でも英語にもオノマトペがないわけではありません。でも、ほとんどは幼児語で、大人はほとんど使いません。

たとえば、「おいしい〜」というのをフランス語では「**miam miam**（ミャムミャム）」、英語では「**yum yum**（ヤムヤム）」と言いますが、これは子どもがものを食べるときに出す音の擬《ぎ》音《おん》語です。

また、雨がパラパラと音を立てて降ることを、フランス語では「**flic flac**（フリックフラック）」と言い、中国語では「**稀稀落落**（シーシールオルオ）」と言います。

フランス語の「flic flac」は、雨粒《あめつぶ》が地面に

落ちて出る音ですが、これも童謡《どうよう》で使われるから、幼児語です。

また、中国語の「稀稀落落」は、本来「疎《まば》ら」なことを意味する「稀《まれ》」と「雨が落ちる」ことを意味する「落」が合わさって作られた言葉です。擬音《ぎおん》語と言えば言えないこともありませんが、どちらかと言えば、意味を表す漢字から作られた言葉なのです。

基本的に、中国も含《ふく》めヨーロッパ、アメリカでは、オノマトペは、子どもの言葉という印象が非常に強いということができるでしょう。

ところが、日本に来てみると、オノマトペがいっぱい！

「**ドキッ**とした！」とか「**サラサラ**の髪《かみ》ね」というようなオノマトペを使うことは、非常に新《しん》鮮《せん》でかわいく思えるそうなのです。

私の妻はフランス人なのですが、初めて日本にやって来たとき、電車の中で、高校生の男の子が「もう、お腹《なか》、**ペコペコ**だよ」というのを聞いて、なんとも言えない表現に「胸をときめかせた」と言ったことがありました。

でも「胸をときめかせる」というのも、フランス語で言えば詩的な感じがしますが、日本語で言うと「胸、**キュン**」ですよね！　こちらの方が日本語を母国語としている間柄《あいだがら》での会話なら、臨場感というか、「ナマ〜！」という感じがして直接的に伝わるのではないかと思います。

だとすれば、もっと、たくさん、オノマトペを創《つく》って世界に向かって発信してみてはどうでしょう！

11

さ

【sa】

ささっとすませよう！

なるほど

「割れる」「切れる」
何かを割《さ》く語感がある「さ」

「さしすせそ」は「ツァツィツゥツェツォ」

「さしすせそ」は、平安時代の中頃《なかごろ》まで、〈カタカナ〉で書くと「ツァツィツゥツェツォ」と発音されていました。

また「はひふへほ」のところで詳《くわ》しく触《ふ》れますが、「はひふへほ」は「パピプペポ」と発音されていました。

ですから「ささのは」は「ツァツァのパ」と発音されていたのです。

五月頃《ごろ》、山を歩いていると、爽《さわ》やかな風がササッと吹《ふ》いて、笹《ささ》の葉が揺《ゆ》れる……。

「ツァわやかな風がツァツァツァとプいて、ツァツァのパが揺《ゆ》れる」ところを想像してみて下さい。

「ツァわやか」「ツァツァツァ」「ツァツァのパ」、

さしすせそ

よりその情景が活《い》き活《い》きと頭に浮《う》かんできませんか？

さて、〈ひらがな〉の「さ」は、「左」の草書体から作られ、〈カタカナ〉の「サ」は「散」の最初の三画の部分から作られました。

これらの漢字は、中国の唐《とう》の時代、すなわち我《わ》が国の奈良《なら》・平安中期頃《ごろ》（九〇〇年頃《ごろ》）まで、それぞれ「ツァ」と発音されていたのです。

『万葉集』に柿本人麻呂《かきのもとのひとまろ》の「**小竹《ささ》の葉は　み山もさやに乱《さや》げども　われは妹《いも》思ふ　別れ来《き》ぬれば**」（巻二・一三三番）という歌があります。

これは、「岩見《いわみ》の国に妻を残して山路を通っているときに風が吹《ふ》き、笹《ささ》の葉が音を立てる。あぁ、私は妻を想《おも》う。彼女《かのじょ》をひとり残して来てしまったのだ」と詠《うた》ったものです。

「ツァ」という音は、何かが急に「割《さ》ける」ような語感を感じませんか。とくに筆の先とか葉っぱの先が真っ二つに割れていく感じです。

この歌の前半は、心の中がざわつくように「乱《さや》」いで行くことを「小竹《ささ》」に譬《たと》え、下二句で「われ」「わか」と「わ」で始まる言葉で、自分の念《おも》いが妻にピッタリと寄《よ》り添《そ》っていることを表そうとしているのです。

雪の上を歩く音

夏目漱石《なつめそうせき》の『行人《こうじん》』に「**宿で借りた粗末《そまつ》な下駄《げた》がさくさく砂に喰《く》い込《こ》む音が耳についた**」という文章があります。同じように、たとえば島崎藤村《しまざきとうそん》は『破戒《はかい》』で「**さくさくと音のする雪の上は**」と書いています。砂や雪に下駄《げた》や靴《くつ》が食《く》い込《こ》むとき、表面が柔《やわ》らかく形作られているものを軽く「割って」「崩《くず》して」行くときに起こる音が感じられます。それは、「さっくり」と言うとさらにその「割れる」「切れる」ところが感じられることになるでしょう。

森鷗外《もりおうがい》の『山椒大夫《さんしょうだゆう》』には、「**光沢《つや》のある、長い安寿《あんじゅ》の髪《かみ》が、鋭《するど》い鎌《かま》の一掻《ひとか》きにさっくり切れた**」と書かれています。

「さ」には、何かを割《さ》く感覚がともなっています。

そして、それは万葉の時代の「さしすせそ」を「ツァツィツゥツェツォ」と発音していた頃《ころ》の音に淵源《えんげん》があるのです。

声に出して言ってみよう

さっぱり

吉川英治《よしかわえいじ》の『三国志』に「**あまりさっぱりお渡《わた》しするといったので、かえってお疑いとみえますな**」とあります。「さっぱり」は、気持ち、気分が晴れて爽《さわ》やかになることです。この文章では、今まで持っていたものに「縁《えん》を切って」相手に渡《わた》してしまうことで、鬱陶《うっとう》しい気分を捨て去るということになるでしょう。

さめざめ

さめざめと泣いたことがありますか？もちろんこの泣き方は、深く心に染《し》みるような泣き方という使われ方もしますが、『更級日記《さらしなにっき》』（一〇五九年頃《ごろ》）の古典から今の文学作品でも、「さめざめ」と泣いた後は、ケロリとすぐ笑い顔に変わるような感じでも使われています。

さらり

梅酒のコマーシャルでも使われる「さらり」。「人生、さらっと行きたいね」という言葉もあったりします。これは爽《さわ》やかさをいうものです。「爽《さわ》やか」という漢字は人の腋《わき》の下《した》を描《えが》いた象形文字で、ここが分かれていて、ここに風が通って、「爽《さわ》やかである」ということを意味します。

12

し

【 shi 】

しずかに！「しー」

なるほど

「しばる」「しっかり！」
ギュッと何かを縮める語感がある「し」

「静かになれ」と命令する

「さ」で記したように、「し」は奈良《なら》・平安時代は「ツィ」と発音されていました。「チ」や「ツ」より鋭《するど》い感じがする音です。

さて、〈ひらがな〉の「し」、〈カタカナ〉の「シ」は、いずれも「之《これ》」から作られました。

今でも、「すし（寿司）」の看板などにときどき「丶」とあって下に「し」が書いてあるものを見ることがあります。この「丶」は、漢字「之《これ》」の第一画の「丶」なのです。

ところで、声や音を立てている人たちに、静かにして欲しいとき、「シー」と人差し指を立てて口に当てることがありますね。「シー」と言うのと「ツィー」と言うのと、どんなふうに感じが違《ちが》いますか？「し」より「つぃ」の方が、より引《ひ》

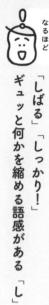

さしすせそ

き締《し》まった感じを受けるのではないでしょうか。この言葉は「しず（づ）か（静か）」と関係があると思われますが、「しずか」の「し」は「下」を、「づか」は「着く（か）」が語源で「（太陽が）「下」に、（沈むように）着く」を意味します。

「しずか」も古語で発音すると「ツィヅゥか」となりますね。だとすれば「静かにしなさい」という命令は「ツィヅゥかにツィなツァイ」となります。

「ツィ」という音には、非常に鋭《するど》い方向性、怖《こわ》いくらい刺《さ》すような命令のようなものを感じるのではないでしょうか。

『源氏物語』（薄雲《うすぐも》）に「**天変しきりにさとし、世の中しずかならぬは**」と書かれています。この文章の意味は「天空に異変が繰《く》り返《かえ》し起こって、人々に危険を知らせているのに、世の中が静かにならないのは」ということです。

「ツィキリにツァとツィ」「ツィずかならぬは」とは、「天」が「下」にいる地上の人々に何度も「悟《さと》る」ようにと命令しているのに「（心を引《ひ》き締《し》めて）静かになろうとはしない」という感じがよく現れているように思うのです。

「しっかり、しばる」

ところで、前に挙げた『源氏物語』の「さとし」という言葉は、現代語では「しっかり」という言葉に取って代わられます。

「そんな言い古された事を、僕《ぼく》たちは考えているんじゃないよ。しっかりした人間とは、どんなものだか、それを見せてもらいたいんだ」と太宰治《だざいおさむ》は『乞食《こじき》学生』で書いています。

「しっかりした人間」とは「心が引《ひ》き締《し》まって、信頼《しんらい》があり、気骨のある人」を言うのではないでしょうか。

「しば（縛）る」は「締《し》め張《は》る」を語源（『和訓栞《わくんのしおり》』『大言海』など）とする言葉だと言われます。「身体《からだ》をひもなどで縛《しば》る」「自由にできないように制限する」という意味ですが、「ツィばる」というとその「縛《しば》り方」は、一段ときつく感じるのではないかと思います。

声に出して言ってみよう

しつけ

「しつけ」は仏教用語の「習気《じっけ》」（自分のふだん行っていることに気づくこと）から日本語

になった言葉です。そして「躾《しつけ》」という国字（和製漢字）も作られました。「気づき」というのも、自分の気持ちをキュッと締《し》め付《つ》ける言葉ですね。

しつこい

森村誠一《もりむらせいいち》『分水嶺《ぶんすいれい》』に「**大原は言ってしまった後から急に心配になったらしく、しつこく念を押《お》した**」とあります。「しつこい」は、平安時代は「しふねし」と言われていました。「執念《しゅうねん》」を日本語化したものですが、どちらの言葉も、下の方、深い部分に向かって力をギューッと押《お》し込《こ》んでいく感じが滲《にじ》み出《で》ています。

しっと

今では使われなくなった擬態《ぎたい》語に「しっと」というものがあります。動作を急速に、また強く行うことです。『玉塵抄《ぎょくじんしょう》』（一五六三年）には「**つら（面）をだ（出）すほどに、すく（掬）おうすれば、くび（首）をしっとしじめてひ（引）っこ（込）むぞ**」と書かれています。

顔を出したら捕《つか》まえてやろうとすると、首を急に縮めて引《ひ》っ込《こ》ましやがる、という意味なのですが、「しっと」という言葉のおもしろさと、「縮む」を「しじむ」と書いて、動作が速く引《ひ》き締《し》まっていることがよく分かるのではないかと思います。

13

す

【su】

ツゥーンと鼻に抜《ぬ》ける

何かに邪魔《じゃま》をされても滞《とどこお》りなく、まっすぐに進む語感がある「す」

「す」は「ツゥ」

すでに「さ」の項《こう》で少し触《ふ》れましたが、古代の「す」は、「ツゥ」か「スィゥ」という音でした。「す」と調音する舌の先をちょっとだけ上に寄せると「ツゥ」の音が出ます。

さて、〈ひらがな〉の「す」は「寸」の草書体から、〈カタカナ〉の「ス」は「須《す》」の「頁」の部分の草書体から作られました。

「寸」は、「人差し指の先の幅《はば》」から作られた漢字で、約三センチを表し、長さの単位として使われました。

ところで、マンガなどを見ていると、ちょっと知らん顔している恋人《こいびと》などに「つんつん」と人差し指で突《つ》いて、注意をこちらに向かせる仕草があったりします。これを「すんすん」と言うことは

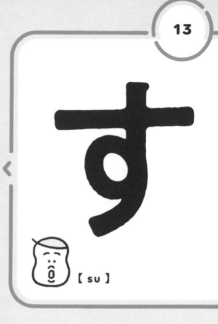

ありませんが、「寸」は、奈良《なら》・平安時代は「ツゥン」と発音されていました。とするなら彼《かれ》らももしかしたら「ツゥンツゥン」と人差し指の先で人をつついて、相手を振《ふ》り向《む》かせていたのかもしれません。

「す」というと、すぐに思《おも》い浮《う》かべるのが「お酢《す》」や「すっぱいレモン汁《じる》」「すっぱい梅干し」ではないでしょうか。

でも、「すっぱい！」と言いながら、酸っぱさは「ツゥーン」と鼻に抜《ぬ》けて行きます。こんなことからも「す」と「ツゥ」とはとても近い音であるということが分かるのではないでしょうか。

「それなら、タ行の『ツ』は、どう発音していたのか？」と疑問に思われるに違《ちが》いありません。

「たちつてと」は「ティア、ティ、ティゥ、ティェ、ティォ」と発音されていました。「ツ」は「ティゥ」だったのです。詳《くわ》しくは後で触《ふ》れましょう。

風が「すうすう」

田山花袋《たやまかたい》の『田舎《いなか》教師』に「**小さな雑魚《ざこ》がスイスイ泳いで居た**」とあります。

「小さな雑魚《ざこ》」が何かは分かりませんが、たとえばメダカなどが急に方向を変えながら、池の中を縦横無尽《むじん》に泳いでいるのを見ると、滞《とどこお》りなく、まっすぐに進んで行きますね。

この何かに邪魔《じゃま》をされても、「ツゥー」っと「滞《とどこお》りなく、まっすぐに進む」ことを表すのが「す（つぅ）」という音の語感ではないかと思われます。

先に述べた「鼻に酸っぱさがツゥーンと来る」のも同じですね。

谷崎潤一郎《たにざきじゅんいちろう》の『蓼《たで》喰《く》う虫』には「**場内の空気は街頭を流れるすうすうした風と変りがなく……**」と書かれています。

風が「すうすう」と流れるというのも、風はどんなに壁《かべ》や塀《へい》があってそこにぶつかったりしながらも、滞《とどこお》りなく、方向性を持って流れて行くからこそ、こう言うのかもしれません。

「すかすか」という言葉もありますね。これは間が空いていることを言いますが、歌《か》舞伎《ぶき》『幼稚子敵討《おさなごのかたきうち》』には「**下地草臥《くたびれ》た上が、一倍草臥《くたび》れて、すかすかと寝たればな、夢を見たわいな**」と使われています。これは「苦もなく、滞《とどこお》りなくすっかり眠《ねむ》った」ということを表しています。

さしすせそ

声に出して言ってみよう

すくすく

「赤ちゃんが元気にすくすく育つ」と言います。健康に問題なく、さえぎるものもなく、身体《からだ》全体がのびのびと大きくなっていることを言います。ただ「のびのび」が少し「だらり」とした感じがあるのに対して、「すくすく」には一定の方向性を持った清々《すがすが》しさを感じますね。

すごすご

「**私は木から落ちた猿《さる》のようにすごすごと糸瓜《へちま》の絵をもって家へ帰った**」と中勘助《なかかんすけ》の『銀の匙《さじ》』にあります。「すごすご」は「すくすく」の反対に退化する印象がありますが、この文章のように寄り道もしないで、「家に帰る」という一定の方向性をもっているのがよく分かります。

すべすべ

野間宏《のまひろし》の『真空地帯』に「**絹物やったがな……すべすべとしてええ肌《はだ》ざわりやがな**」という文章があります。「すべすべ」と聞くと、手のひらを左右に動かしてなめらかなものを愛《め》でているところが眼《め》に浮《う》かびます。「すべすべ」には左右への動きを表す方向性への語感がありますね。

14

せ

【 se 】

「せちがらい人生」と言うけれど

なるほど

せき立てられて、せまいところに入れられて、「制限」されたものを表す語感の「せ」

「焦燥《しょうそう》」は「せかせか」

「しぇんしぇい、そがんことば、しぇんでください！」

福岡県《ふくおかけん》出身の武田鉄矢《たけだてつや》さんが「先生、そんなことをしないで下さい」と福岡《ふくおか》弁で話すとこうなります。

最近は、テレビなどの影響《えいきょう》で、残念ながらどんどん方言や地方に残っていた古い時代の発音が消えてしまいましたが、つい最近まで、長崎《ながさき》、佐賀《さが》、熊本《くまもと》、福岡《ふくおか》では「せ」が「しぇ」と発音されていました。

そして、もっと古い時代には「せ」は「つぇ」と発音されていたのでした。「つぇ」が「しぇ」へ、「しぇ」が「せ」へと変化したのです。

さて、〈ひらがな〉の「せ」、〈カタカナ〉の

さ　し　す　せ　そ

「セ」は、いずれも漢字「世」の草書体からできたものです。「世」という漢字は、古く「丗」「卋」と書かれました。これは「三十」を意味します。そして、これは「一世代」という言葉でも使われるように、人の一生を表すものでした。紀元前一〇〇〇年頃《ごろ》の人々の平均寿命《じゅみょう》はとても短く、三十歳《さい》くらいだったのです。

この寿命《じゅみょう》のように「せ」という語感には、「せいげん（制限）」されたものを表す言葉が多いように思われます。

尾崎紅葉《おざきこうよう》は「**焦燥《せかせか》しながら考事《かんがえごと》をしている眼色《めつき》**」（『多情多恨《たじょうたこん》』）と書いています。

「焦燥《しょうそう》」という漢字を「せかせか」という言葉に当てているというのは非常に興味深いことではないでしょうか。

自由にのびのびしていることとはまったく反対の、「刺《さ》すような制限」に対して「焦燥《しょうそう》」する思いで「せかせか」と、具体的な解決策などを目の色を変えて、必死で探さなければならない様子が感じられます。

そう考えると、「せんせい」という言葉も、人に物の道理や、人として歩むべき道を教えるということで、自由ではない、自分自身に「制限」があり、人にもそうした「制限」を教えるような感じがあるのかもしれません。

「せせほしゃ」という言葉

もう今となっては使われない江戸《えど》時代の大阪《おおさか》の言葉に「せせほしゃ」というのがありました。小声で話すことを表す擬音《ぎおん》語です。

「**此《この》うつくしいお顔で何やらせせほしゃささやいてひったりだきつかしゃんすやいなや**」と、近松門左衛門《ちかまつもんざえもん》は『浦嶋年代記《うらしまねんだいき》』で書いています。「せせほしゃ」は、おそらく近松の時代には「シェシェポシャ」と発音されていたと考えられます。他の人には聞こえないようにという「制限」を加えて、相手の男の耳元に「ポポポポポ」と「美しいお顔の女性」が囁《ささや》いているところが眼《め》に浮《う》かぶではありませんか。

声に出して言ってみよう

せきせき

落ち着かない動作を繰《く》り返《かえ》すことを「せきせき」と言います。

鈴木三重吉《すずきみえきち》の『山彦《やまびこ》』に「**せきせきに向うへ帰って行く**」という言葉があります。

「せっつかれ」追いやられるような感じがひしひしと感じられますね。

せせこましい

「**彼《かれ》は矯矮《せせこま》しい樹の下を出て、大木の蔭《かげ》に移ったような心地《こころもち》がした**」（『春』）と島崎藤《しまざきとう》村《そん》は書いています。

「せせ」は「さし迫《せま》った状態」また「狭《せま》い」ことをいい、「こましい」は「ぎゅうぎゅうに押《お》し込《こ》められた」状態を言います。

せちがらい

「小賢《こざか》しい」「計算高い」「抜《ぬ》け目《め》がない」という意味の「せちがらい」という言葉は、江戸《えど》時代にはよく使われました。「**近年は、人の心せちがらくなりてより、馬鹿《ばか》らしき事をする者もなく**」と、随筆《ずいひつ》『吉原《よしわら》雑話』（一七八一年頃《ごろ》）には記されています。しかし、明治時代になると「せちがらい」は、「世《よ》渡《わた》りが難しい」「暮らしにくい」という意味で使われるようになってきます。川端康《かわばたやす》成《なり》は『伊豆《いず》の踊子《おどりこ》』（一九二六年）で「**彼等《かれら》の旅心は、最初私が考へてゐた程世智辛《せちがら》いものでなく、野の匂《にお》ひを失《うしな》はないのんきなものであることも、私に分って来た**」と書いています。

せっせ

「**黒蟻《くろあり》と見たのは、水夫《かこ》二人で切々《せっせ》と漕《こ》いで居るのだ**」（徳富蘆花《とくとみろか》『湘南雑筆《しょうなんざっぴつ》』）。

「せっせ」は、休まず一生懸命《けんめい》に仕事や作業などを行う様子を表す擬態語《ぎたい》です。不断不休という自分に対して付けた制約や力が感じられます。

15

そ

【so】

野菜をそくそく切りませう！

「そ（反）れて」「そ（逸）れて」、そと（外）にいく あっさりと離《はな》れる語感の「そ」

「そぐ」というより「つぉく」

「そ」は、古代の日本では「ツォ」と発音されていました。

今はもう使われない江戸《えど》時代の言葉に「そくそく」という擬音《ぎおん》語があります。

これは、軽快に野菜などを刻んだりするときに使ったりするときの音なのですが、いまなら「さくさく」という音になってしまったものなのでしょう。でも「さくさく」だと、りんごを食べているときの音のように聞こえます。

「ツォクツォク」であればどうでしょう。白菜やキャベツなど、葉っぱが重なったものを、リズムよく刻んでいるような音が聞こえてきませんか？

「そ（つぉ）」で始まる言葉には、物を、執着《しゅうちゃく》なくあっさりと分離《ぶんり》していく語感をともなうものが少なくありません。

「そぐ」という言葉があります。漢字で書くと「削ぐ」と「殺ぐ」と書かれます。古語では「そぐ」ではなく「そく」と使われていました。

『源氏物語』（桐壺《きりつぼ》）には「**いときよらなる御《お》ぐし**（**髪**《かみ》）**を『そく』ほど、心ぐるしげなるを**（とても美しい髪《かみ》の毛《け》を『そぐ』ほど、気の毒なことはない）」と記されています。

髪《かみ》の毛《け》を「切る」と言うのと「そぐ」と言うのとでは、感覚的に違《ちが》いがありますね。

「切る」であれば、髪《かみ》の毛《け》に対して直角にハサミを入れて行く感じがします。

これに対して「そぐ」と言うと、ナイフを使って斜《なな》めに入れて削《けず》り落とす様子が眼《め》に浮《う》かびます。

しかも「そぐ」と発音するのではなく「つぉく」と発音してみると、さらに美しい髪《かみ》の毛《け》が「ツォクツォク」とリズミカルに削《けず》られて、下に落ちて行くところを想像することができるのではないでしょうか？

「そわそわ」は、「ツォパツォパ」

石川啄木《いしかわたくぼく》の『病院の窓』に「**古新聞を取って性急**《そそくさ》**に机の塵**《ごみ》**を払**《はら》**ったが**」という文章があります。

啄木《たくぼく》は「性急」に「そそくさ」とルビを振《ふ》っているのですが、この「そそくさ」という言葉からは、男が古新聞を取って「せわしく」「あわただしく」、机の上の埃《ほこり》や小さなゴミを、机の外に落としているという感じがよく表れています。

『上方語源辞典』（前田勇）によれば「そそ」は「そわそわしたさま」、「くさ」は「落ち着きのないさま」を表すといいます。

「そわそわ」は、旧《きゅう》仮名《かな》遣《づか》いでは「そはそは」と書かれました。これも後に詳《くわ》しく触《ふ》れますが「は」は、古代の日本語では「パ」と発音されていました。と、すれば「そはそは」は「ツォパツォパ」と発音されていたということになるでしょう。

まるで髪《かみ》の毛《け》や塵《ごみ》、埃《ほこり》がバラバラと散らばっていくような、「心ここにあらず」という状態をよく表しているのではないかと思います。

声に出して言ってみよう

そっと

小川《おがわ》未明《みめい》の『あるまりの一生』に「**雲は、だれにも気づかれないように、そっと空か**

さしすせそ

ら下へ降りてきました」とあります。「静かに、音を立てないようにして物事を行うこと」を「そっと」と言いますが、この「雲」は、たくさんの雲の塊《かたまり》から「分離《ぶんり》」して降りて来たのです。

「そっ」という音には、離《はな》れていくことを表す語感が感じられます。

そぼふる〈雨〉

「**佐七《さしち》も唐傘《からかさ》肩《かた》にそぼふる雨のなかを、柳《やなぎ》島《しま》まで出向いていった**」と横溝正史《よこみぞせいし》の『人《にん》形《ぎょう》佐七捕物帳《さしちとりものちょう》』にあります。「そぼふる雨」とは、細かい雨が降ることをいいますが、この雨はまるで髪《かみ》の毛《け》のように細い雨です。それが雨の塊《かたまり》である雲から離《はな》れて、しめやかに降って来るのです。

そろそろ

動作がしずかに、ゆっくりと行われることをいう言葉に「そろそろ」があります。鎌倉《かまくら》時代の語源辞書『名語記《みょうごき》』にはカタツムリや蛇《へび》などが這《は》っている状態を「そろそろ」と言うとあり、「そろそろ」の語源は「そそらよ」にあると記されています。「そそら」とは、「落ち着きのないさま」をいう言葉で、今でも方言として使われています。「そわそわ」と似て、パラパラと分《ぶん》離《り》して散らばっていく感じの言葉なのです。

たとえば、「**そわそわと体のあちこちを動かして、こちらの注意を引こうとしている**」と法月綸太郎《のりづきりんたろう》は『生首《なまくび》に聞いてみろ』に書いています。

16

た

【ta】

光って落ちる汗《あせ》、たらりたらり

なるほど

「たぷたぷ」いっぱい、木の実「たわわわわ〜ん」艶《あで》やかでふっくらした語感の「た」

「たあぷぽぽ」という音のする鼓《つづみ》

「たちつてと」は古代の日本語では「ティア、ティ、ティゥ、ティェ、ティォ」と発音されていました。

歌舞伎《かぶき》の『外郎売《ういろううり》』の台詞《せりふ》に「**たあぷぽぽ、たあぷぽぽ、ちりからちりからつったっぽ、たっぽたっぽ、干《ひい》だこ、落ちたら煮《に》て喰《く》お**」とあります。

これを古代の日本語の発音で読むと、どうなるでしょう。

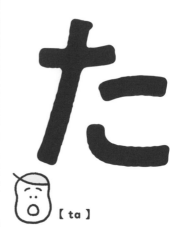

「てぃぁあぷぽぽ、てぃぁあぷぽぽ、てぃりからてぃりから　てぃぅてぃぁっぽ……」

よちよち歩きの子どもが喋《しゃべ》るような言葉に聞こえて来ますね。

さて、〈ひらがな〉の「た」は「太」の草書体から、また〈カタカナ〉の「タ」は「多」の一部

たちつてと

を取って作られました。

「太」は「たっぷり」「ゆたか」「ふっくら」という意味の漢字です。また「多」は「肉」を重ねた状態を表していて、こちらも「たっぷり」であることを意味します。

ところで『外郎売《ういろううり》』の「たあぷぽぽ」は鼓《つづみ》を叩《たた》く音を表す擬音《ぎおん》で、「ちりからちりから」は三味線の擬音《ぎおん》です。

鼓《つづみ》は、動物の皮を張って作られていますが、ゆるんでいたりするといい音が出ません。本当に「たっぷり」と程《ほど》よく、「ふっくら」と張ってなくてはならないのです。

「た」という音には、こうした「たっぷり」という語感が隠《かく》されていると言ってよいでしょう。水が「たぷたぷ」しているというのも、容器の中に入っている水が揺《ゆ》れ動《うご》く音を表しています。

たらりと流れる汗《あせ》

西野《にしの》かつみの『かのこん』(第四巻〜オトメたちのヒミツ〜)に「**へそを隠《かく》し、たわわわわ〜んな両胸を納めて、肩《かた》ひもに腕《うで》を入れた**」という文章があります。

木の実を「たわわになっている」という表現はよく聞くことですが、女性のふくよかな胸を「たわわわわ〜ん」と表現しているこの文章は、「ゆたかさ」だけではなく艶《あで》やかさ、ふっくら感というものを、とてもよく表しているのではないでしょうか。
そしてもし、「たわわわわ〜ん」を「ティァうぁうぁうぁ〜ん」と古代の日本語で発音すると、さらにその艶《あで》やかさが滲《にじ》み出《で》てくるのではないかと思うのです。

さて「たらり」という擬態《ぎたい》語を聞くと、何を思《おも》い浮《う》かべますか？
冷《ひ》や汗《あせ》、脂汗《あぶらあせ》、血、よだれ……こういうものでしょうか。

今まで内部にあって、それが一気にじわりと滲《にじ》み出《で》て、しずくになって滴《したた》り落《お》ちるまでにたっぷりと膨《ふく》らみ、一気に落ちて行く感じを表すのが「たらり」です。

「**がまは、おのれのすがたをみておどろき、たらりたらりとあぶら汗《あせ》を流す**」と、興《おき》津要《つかなめ》『古典落語』にあります。これも「ティァラリ」と読むと、汗《あせ》の光さえも感じられますね。

声に出して言ってみよう

たくたく

江戸《えど》時代の俗語《ぞくご》、俗諺《ぞくげん》を集めた『俚言《りげん》集覧《しゅうらん》』に「**小児のタクタクアヨビなどと**

云《いう》」と、小さな子どもがたどたどしく歩くことを言うと記されています。

子どもの身体《からだ》が左右に揺《ゆ》れながら、バランスを取って歩いている様子が目に浮《う》かびます。

そういえば、昔の時計の針の動きも「たくたく」と言っていましたが、あれも針が一分進むと、ちょっとだけ左右にブルブルと揺《ゆ》れていましたね。

たじたじ

相手に圧倒《あっとう》されて尻込《しりご》みする様子を言いますが、本来は、足元が定まらないでよろめくことを表す言葉でした。「たくたく」と共通した言葉です。

相手に言われたことに、自分の心がいっぱいになって、たらりと冷《ひ》や汗《あせ》を搔《か》くように、足元が急に覚束《おぼつか》なくなることを言うのです。

たっしり

江戸《えど》時代前期頃《ごろ》、たっぷりとものが十分にあることを「たっしり」という言葉で表現していました。「**どちらにも、女《め》な子が、御座《ござ》るによって、両めい、たっしりと、あると申します**（どちらにも、女たちがいますと、二人の者が、たっぷりいると申しております）」と『狂言記《きょうげんき》』（粟田口《あわたぐち》）に記されています。

たおやかな女性たちがいるというのを「たっしり」というのは、ぴったりの表現ではないかと思います。

17

ち

【 chi 】

ちくちくささる！

なるほど

ちいさく、ちぢみ、ちぎれてしまう「小さい」を意味する語感の「ち」

「ち」は「ティ」、小さいことを表す言葉

すでに書きましたが「ち」は、古代日本では「ティ」と発音されていました。「ちち（父）は、「てぃてぃ」と発音されていたのです。

さて、〈ひらがな〉の「ち」は、「知」という漢字の「矢」の部分の草書体から、〈カタカナ〉の「チ」は「千」の字から作られました。

漢字「知」は音読みでは「てぃぇ」と発音されていたのですが、日本語の訓読では「し（知）る」と読みます。これは、古代の発音では「つぃる」でした。

すでに「し」のところで「し（つぃ）」には、ギュッと何かを縮める語感があると書きましたが、

たちつてと

「てぃ」にも「し（つぃ）」にもやや共通するところがあるのではないかと思われます。

また〈カタカナ〉の「チ」のもとになった「千」は、本来、細かいものがたくさんあるということを表す漢字です。「千切れる」と書きますが、これは、まさに細かく切られてしまうことを言ったものなのです。

有島武郎《ありしまたけお》は、『或《あ》る女』で「**葉子の神経はそこにいたたまれないほどちかちかと激しく働き出した**」と「ちかちか」という言葉を使っています。

「ちかちか」という擬音《ぎおん》語は、ふつう強い光が目を刺激《しげき》すること、ランプなどが点滅《てんめつ》して周りより目立った光を放つことに使われますが、この例のように、小さな痛みや痒《かゆ》みなどの刺激《しげき》が小刻みに続くことも言います。類語を挙げれば「ちくちく」と言ってもいいでしょう。

「ちかちか」「ちくちく」に共通する「ち」の音は、「小さいこと」「刺激《しげき》」「内部から外部への細かなアプローチ」などでしょう。

だとすれば「ちくり」という痛みも、それほど大きな痛みではなく、小さな刺激《しげき》で、針が内部に刺《さ》さってから外側の神経が「痛い！」と感じるものだとも言えるようです。

ちんちくりんの外套《がいとう》

ところで「ちまちま」という言葉があります。

森村誠一《もりむらせいいち》は「**内部はちまちました小部屋に区別されているが、４ＬＤＫほどの広さらしい**」（『ファミリー』）とか、宮部《みやべ》みゆきは「**左手にはちまちまとした商店が軒《のき》を連ねて並んでいる**」（『模倣犯《もほうはん》』）などと使っています。

「ちまちま」は、江戸《えど》時代後半になってから使われるようになる言葉で「ちまぢま」とも書かれますが、「ちいさく・まとまっていること」を言います。また富山県《とやまけん》などで使われる方言では「こまめに・まめまめしく働くこと」を言います。

「ち」にはやはり「小さい」ということを意味する語感があると言っていいでしょう。

そのような意味では「ちか（近）い」という言葉も、「自分のすぐそばの間もないところ」を表しているように思われます。

たとえば、徳川夢声《とくがわむせい》『夢声戦争日記《むせいせんそうにっき》』には「**背丈《せたけ》はチンチクリンで私の胸までしかない**」と、背の低い人を形容して「ちんちくりん」という言葉が使われています。ただ、「ちんちくりん」は人だけに使うものではありませんでした。漱石《そうせき》は「**ちんちくりんな外套《がいとう》の羽根の下から手を出して**」（『明暗』）というように、背丈《せたけ》に対して着用している服などが短いことを言うものでもあります。それにしてもやはり、「ち」は「小さい」ことを語感として感じるものではないでしょうか。

声に出して言ってみよう

ちゃきちゃき

夏目漱石《なつめそうせき》は「**白い男は矢張《やは》り何も答えずに、ちゃきちゃきと鋏《はさみ》を鳴らし始めた**」と『夢十夜』に書いています。これは、落ち着きなく小さな甲高《かんだか》い音が出ている感じがよくします。

ちゃぷちゃぷ

北原白秋《きたはらはくしゅう》の童謡《どうよう》『あめふり』に「**ぴっちぴっち　ちゃっぷちゃっぷ　らんらんらん**」とあります。水が勢いよく揺《ゆ》れたり、弾《はじ》かれたりして立てる高い音ですが、小さい浅いところで軽く跳《は》ねる音の擬音《ぎおん》で、決して大きな音ではありません。

ちゅっ

田中純《たなかじゅん》は『妻』に「**御褒美《ごほうび》に、ほっぺにちゅっしてあげましょうね**」と書いています。自分の唇《くちびる》を、相手の「ほっぺ」に近づけて、小さく軽く跳《は》ねるような音でキスをする語感は「ち」ならではです。

18

つ

【tsu】

つるりとのびた つるのくび

なるほど

小さなものが表面に連なり長く伸《の》びた語感の「つ」

「ちゅ」は長く伸《の》びたもの

すでに触《ふ》れましたが、「つ」は古代の日本では「ちゅ」と発音されていました。「つらら」は「ちゅらら」だったのです。沖縄《おきなわ》の言葉では「美しい」ことを「ちゅら」といいますが、「ちゅらら（つらら）」も、透明《とうめい》で美しいものですね。

さて、〈ひらがな〉の「つ」、〈カタカナ〉の「ツ」は、いずれも「川」という漢字から作られました。

「川」は、中国の唐《とう》の時代（六一八～九〇七年）、つまり我《わ》が国の奈良《なら》時代から平安時代初期には「チュゥアン」と発音されていたのです。

「つらら（氷柱）」の語源は、諸説ありますが「連なっていること」（『日本釈名《にほんしゃくみょう》』）、「連なって長くなっていること」（『類聚名物考《るいじゅめいぶつこう》』）と言われます。〈ひらがな〉、〈カタカナ〉のもとになった「川」も水が「連なって」「長く伸《の》びているもの」です。

「ちゅ」あるいは「ちゅー」という音は、何かが長く伸《の》びたことを表しています。

つけつけと、人を突《つ》くように、憎《にく》まれ口《ぐち》を叩《たた》く

さて、今となっては「ずけずけ」に取って代わられた明治時代の言葉に「つけつけ」というのがありました。

「あのような物知らずは真向から浴《あび》せつけずは何事もわかるまじとてつけつけと憎《にく》まれ口《ぐち》はばかりなく……」（『やみ夜』）と樋口一葉《ひぐちいちよう》は書いています。

「ずけずけ」だと人に向かって遠慮《えんりょ》なく、水を浴びせるように攻撃《こうげき》の言葉を吐《は》く様子を感じますが、「つけつけ」だと攻撃《こうげき》の言葉が相手に刺《さ》さるような感じがします。

「つく」「つつく」という言葉があります。これは「するどい刃物《はもの》などの先端《せんたん》で勢いよく物の表面を刺《さ》す」ことを意味します。「つけつけ」からも同じように、「尖《とが》った言葉で勢いよく、相手の悪い所を刺《さ》す」感じを受けるからでしょう。

また「つぶつぶ」という言葉があります。これは、小さくて丸い粒状《つぶじょう》のものがたくさんあることを表しますが、古語では涙《なみだ》や血、水などが粒《つぶ》のようになって流れ出るさ

まを表す言葉でもありました。

『宇津保物語《うつほものがたり》』（九七〇～九九九年頃《ごろ》）には「**いといみじう胸ふたがる心地し給《たまい》て、涙《なみだ》のつぶつぶと落ち給《たま》ふを**（とても胸が塞《ふさ》がるような気持ちがして、涙《なみだ》がつぶつぶと流れ出ていらっしゃる）」と記されています。

ところがおもしろいことに、同じ『宇津保物語《うつほものがたり》』には「つぶつぶ」を「**その針をぞ（中略）君の御《おん》したがひの衽につぶつぶと長く縫《ぬ》ひつけて**」と、「針などを無造作に刺《さ》すさま」を表す言葉としても使われているのです。

「つ」には「小さな痛み」や「小さな粒《つぶ》など」が、「連続して物の表面に現れて連なること」を表す語感があると言えるのではないでしょうか。

焼き鳥で、団子状にしたものを「つくね」と呼びます。これは「手でこねて丸く固める」ことを「つく（捏）ねる」ということから派生したものです。「捏《こ》ねる」ためには手で摘《つ》ままなければなりません。小さな粒《つぶ》にすることです。そして「つくね」は一個だけで串《くし》に刺《さ》さっているわけではありません。ただ、「つくねん」としているというのは、ひとりぼっちで小さくなっていることです。ただ「ねん」という言葉は、「それ自体」「そのまま」ということを表します。漢字で書くと「然」で、小さな粒《つぶ》のような状態でいるということを意味します。

声に出して言ってみよう

つやつや

現代では、光沢《こうたく》があって美しいことを「つやつや」と言いますが、『徒然草《つれづれぐさ》』には「**木の葉をかきのけたれど、つやつや物も見えず**」と、「すっかり、きれいさっぱり」という意味での用法もあります。これは物事が徹底《てってい》しているさまをいいます。『徒然《つれづれ》草《ぐさ》』で言えばずっと辺りの様子（表面に見えるもの）を連続的に見渡《みわた》すということを表しています。

つるつる

表面が平らで、光沢《こうたく》があるさまをいう言葉です。「**板のつるつるした床《ゆか》を歩いているうちに、ふっと羽根を拡《ひろ》げてみました**」（『梟《ふくろう》の大旅行』）と、林芙美子《はやしふみこ》は書いています。これは「つやつや」と似て、ものの表面の全部の部分に光沢《こうたく》があり、なめらかなことを表しています。

つん

「周りより抜《ぬ》きんでていること」「怒《いか》りを含《ふく》んだり、不機嫌《ふきげん》で、無愛想な様子」「匂《にお》いなどの感覚が強いこと」などをいう言葉です。でも、いずれも表面的なことであって、すぐにその状態は消え、また時として現れるという連続したことも表しています。

19

て

【 te 】

「てりてり」のお日さま

「つやつや」「すべすべ」
すんなりと抵抗《ていこう》のない語感の「て」

「てりてり」は「ティェリティェリ」

「て」は、古代の日本語では「ティェ」と発音されていました。

この音にどんな印象を受けますか？　たとえば、ブリやチキンの「照り焼き」を「ティェリ焼き」と発音してみましょうか。

「てり」と書くより、さらにその「照り」の加減が激しく感じられませんか？

それではその「ティェリ」加減とは何でしょうか？

「物の全体的な表面が、なめらかで、つややか」としている状態です。

さて、〈ひらがな〉〈カタカナ〉の「て」は、いずれも漢字「天」から作られました。

「天」も、奈良《なら》・平安時代の初期（中国では唐代《とうだい》）

には「ティェン」と発音されていました。高い所にあって、全体的にどこまでも広がって、晴れた日などは青々とした光がなめらかにつやつやとしているところですね。

ところで、今では使われなくなってしまいましたが、室町《むろまち》時代から江戸《えど》時代の中頃《ごろ》までは「てりてり」という言葉がありました。

「絹のてりてりと光色のあるに……」（『四河入海《しがにっかい》』）とか**「てりてりとしわ（皺）にのこ（残）る暑さ哉《かな》」**（孤舟《こしゅう》『俳諧《はいかい》・北の山』）などと使われています。

絹の表面全体が広がるようにつやつやと輝《かがや》いている様子や、顔や皮膚《ひふ》の表面の全体に暑さがべったりと残っている感じがよく表れていますね。

てろてろの泥池《どろいけ》

「以前ならば十五分ほどバスにのればゆけた道を母子はてくてくと歩きだした」（『二十四の瞳《ひとみ》』）と壺井栄《つぼいさかえ》は書いています。

「てくてく」という擬態《ぎたい》語は、「ある程度の距離《きょり》があるところを、ひたすら歩く様子」を表すものですが、歩くことに対する疲労《ひろう》感などは感じません。また脇目《わきめ》も振《ふ》らず、目的地まで同じ調子で歩いていく様子がよく表れているのではないでしょうか。

この「調子よく」という部分は、「てきぱき」という「て」で始まる擬態《ぎたい》語でも同じように表されています。また、「てりてり」にしても、すんなりと表面をある目的のところまで、手のひらをさするように絹の表面を抵抗《ていこう》なく、調子よく動かすことで感じるものです。

さて、**「植え溝《みぞ》に呆《あき》れるほどの大量の水を流し込《こ》み、畑をてろてろの泥池《どろいけ》にしてしまったのだった」**と井上《いのうえ》ひさしは『吉里吉里人《きりきりじん》』で書いています。

「てろてろの泥池《どろいけ》」とはどういうものでしょうか。水と泥《どろ》が一緒《いっしょ》になってどろどろになり、表面が太陽の光でテカテカに光っている状況《じょうきょう》が眼《め》に浮《う》かびます。

「て（手）」という言葉も、このように見てくると、すべすべして皮膚《ひふ》がテカテカしていることを表しているようにも思えます。

声に出して言ってみよう

てかてか

「丸顔に後退した髪《かみ》、てかてか光った広い額の父の顔が何故《なぜ》だか笑っている」（山本文緒《やまもとふみお》『チェリーブラッサム』）。

表面につやがあって光っていることを言

たちつてと

いますが、「てろっ」と違《ちが》ってまったくどろりとして粘着《ねんちゃく》感はありません。「からっ」としていることを表す「て」と「か」の組み合わせによるものなのでしょう。

てれる

「**私には常識的な善事を行うに当って、甚《はなは》だてれる悪癖《あくへき》がある**」と、太宰治《だざいおさむ》は『津軽《つがる》』に書いています。「てれ」という言葉には、なんとなくだらしなく、しまりがない感じを受ける言葉ですが、これを動詞にして、はにかんだり、きまりが悪そうになったりと、顔全体にべったりとした汗《あせ》をかいた感じを受けますね。

てろっ

「**適度な照りがあって、実際に飲んだ印象も、てろっとまとわりつく感じ。これが古酒独特のうまみというものなんだな**」（俵《たわら》万智《まち》『朝日新聞』「俵万智《たわらまち》の百人一酒」）。

「てろっ」は「とろっ」よりさらに、だらしない、どろり感が感じられます。

てんてん

「**なほも燃え立つ汗《あせ》ばんだ火に　火龍《サラマンドラ》はてんてんと躍《おど》る**」と高村光太郎《たかむらこうたろう》の『道程《どうてい》』に見えます。「てんてん」は、軽快なリズムで太鼓《たいこ》を打ったりするときの擬音《ぎおん》語としても使われますが、「てんてこ舞《ま》い」というときのような忙《いそが》しさと、一定のリズム感を感じます。

20

と

【 to 】

とろとろ、とんとん、とことこ歩く

今あるものが別の何かに変化する、「状態の変化」を表す語感の「と」

動いていたものが止まる 止まったものが動きだす

すでに記したように「と」は古代の日本では「ティォ」と発音されていました。

「とり（鳥）」を、幼児語で「とっと」と言いますが、「ティォッ　ティォ」と発音されていたのです。鳥の鳴き声がそのまま再現されているように聞こえませんか。

〈ひらがな〉の「と」、〈カタカナ〉の「ト」は、いずれも「止」という漢字から作られました。

「止」は、中国唐《とう》王朝の時代は「ティェイ」と発音されていました。この音を我《わ》が国の奈良《なら》・平安初期の人は「ティォ」と聞いたのです。

「止」という漢字は、もちろん「止まる」を意味しますが、じつは、この漢字は足の形を描《えが》いた象形文字で、歩んでいた足が、そこでピッタリと止まるという、「それまで動いているものが動かなくなる」ことを意味します。

さて、「と」という言葉で始まる擬音《ぎおん》語、擬態《ぎたい》語は、不思議なくらい古代の日本語に見つかりません。たとえば「とろへろ」という言葉が出てくるのも、室町《むろまち》時代、『玉塵抄《ぎょくじんしょう》』（一五六三年）を待たなければなりません。

今では使われなくなった言葉ですが「とろへろ」とは、友達同士がだらだらと仲良くすることを言います。「とろける」が語源だと考えられますが、「とろ（蕩）ける」とは、固まった物が溶解《ようかい》することです。

今まで固まっていたものが、ある時点で蕩《とろ》けて流れ出すというのは「止」と反対の現象のように見えますが、あるいはこうした「状態の変化」こそ、古代の人たちは「止」という言葉で意識していたようにも考えられます。多くの例をここで挙げることはできませんが、たとえば「止息《しそく》」とは、「事が終わる」という意味の言葉なのです。

動いていたものが止まることと止まっていたものが動き出すということは、われわれの感覚ではまったく違《ちが》うことに感じますが、古代の人たちにとっては、おそらく同じカテゴリーに属する現象ではなかったかと思われるのです。

とろとろねむる

ところで、「とろとろ」という言葉にはいくつもの意味があります。

「**毎日毎日のみぞれのために、道はとろとろ溶《と》けていた**」（『逆行』）と太宰治《だざいおさむ》は書いています。これは、道の泥《どろ》が液状になっていることを言ったものです。

「**かたまりかけて居る血が、とろとろと滲《にじ》み出《で》た**」（菊池寛《きくちかん》『蘭学事始《らんがくことはじめ》』）の「とろとろ」は、とろみのあるものが流れ落ちることを記したものです。

また眠《ねむ》くて意識が薄《うす》れ、まどろむように眠《ねむ》ることも「とろとろ」、火の勢いを小さくして静かに物を煮《に》ることも「とろとろ」と言います。

何かの状態が変わることを表すのが「と」の持つ語感なのかもしれません。

声に出して言ってみよう

とげとげ

「**ひしがたの甲羅《こうら》の両端《りょうたん》にはとげがあり、はさみにもとげとげがある**」（東峰夫《ひがしみねお》『オキ

たちつてと

ナワの少年』）。

尖《とが》ったものが、ずっとならんでいることをいう「とげとげ」ですが、これは目つきや口調などでも「とげとげしい」と使われます。噛《か》まれたり挟《はさ》まれたり目を付けられると、状況《じょうきょう》が変わってしまう感じがします。

とばかは

浄瑠璃《じょうるり》『伽羅先代萩《めいぼくせんだいはぎ》』に「箒《ほうき》かたげて銘々《めいめい》にとばかは、かしこへ急ぎ行き……」という文章があります。「とばかは」は「とばかわ」と読みますが、あわてふためくように急ぐことを言います。急に状態が変わることですね。

とんとん

釘《くぎ》を打ったり、物を刻んだり、階段を調子よく上がっていく音に使われます。「とんとんとん、激しい雨の音の遠くに太鼓《たいこ》の響《ひび》きがかすかに生まれた。私はかき破るように雨戸を明けて体を乗り出した」（『伊《い》豆《ず》の踊《おど》り子《こ》』）と川端康成《かわばたやすなり》は書いています。太《たい》鼓《こ》の音によって状況《じょうきょう》が変わる様子がよく表れています。

とんぶり

「朧月夜《おぼろづきよ》にして上潮《あげしお》でトブーリトブーリと岸を洗う浪《なみ》の音は誠《まこと》に淋《さび》しいもので、トンブリ投《やっ》て仕舞《しま》えば夫《そ》れっ切りの事で……」（『入《い》れ髪《がみ》』）と三遊亭円遊《さんゆうていえんゆう》は語ります。「トンブリ」とは一気に重いものを水の中に落とすことを言いますが、ここではもちろん人を海に突《つ》き落《お》として殺すことです。状《じょう》況《きょう》ががらりと変わるところですね。

column 02

理想的な音の体系「五十音図」

言語の体系は、どの言語も概《おおむ》ね百年を単位に変化して行きます。

現代の日本語は、『枕草子《まくらのそうし》』や『源氏物語《げんじものがたり》』が書かれてから、約千年を迎《むか》えた状態にあります。

現在『源氏物語《げんじものがたり》』を、予習もせず、辞書も使わず、現代語のように理解できるという人はいません。千年前の日本語は、ほとんど通じないのです。

ところで、『源氏物語《げんじものがたり》』などが書かれた時代の言葉は、およそ九〇〇年頃《ごろ》に確立した日本語がもとになっています。それは〈ひらがな〉ができて、初めて〈ひらがな〉で、勅撰《ちょくせん》の『古今和歌集』が編集された時代の言葉であると言ってもいいでしょう。別の言い方をすれば、中国・唐《もろこし》王朝からの影響《えいきょう》を脱《だっ》し、〈ひらがな〉という非常に女性的な線で、情緒《じょうちょ》をたっぷりと描《えが》き出《だ》すことができるようになったのがこの時代の日本語だったのです。

それから千年、日本語は百年の言語体系の変化を十回ほど繰《く》り返《かえ》し、『古今和歌集』とは、まったく違《ちが》った言語となってしまったのが、明治時代だったのです。

二葉亭四迷《ふたばていしめい》、山田美妙《やまだびみょう》、尾崎紅葉《おざきこうよう》などが苦心した「**言文一致《いっち》運動**」という言葉をご存知《ぞんじ》の方も少なくないと思います。

さて、明治時代の近代日本語形成で一番問題

になったのは、方言の問題です。

青森《あおもり》の人と長崎《ながさき》の人が話しても、何を言っているのか通じない！　いっそ日本語を捨てて英語にしてしまえ！　という意見だって出てきます。どうすれば、「共通語」を作ることができるのか。

このときに使われたのが、「**五十音図**」だったのです。

じつは、「五十音図」は、平安後期の「五十音図」の作者、明覚《みょうがく》（一〇五五～一一三一年以前）以来明治時代になるまで、サンスクリット語が分かる日本語研究者だけがひそかに使っていたものでした。しかし、これを使えば、『理想的な日本語としての音の体系』を全国の人に教えることができる！」と、国語学者たちが言ったのでした。

明覚《みょうがく》が作った「五十音図」は、明治時代、文部省によって学制が布《し》かれるときになって、非常に科学的、論理的な、言語構造の分析《ぶんせき》を経たものだと評価されることになったのです。

現代でも、小学校に入る少し前の年頃《としごろ》の子どもがいる日本の家庭では、必ずと言っていいほど、大きな「五十音図」を壁《かべ》に貼《は》り、発音と文字を一致《いっち》させる練習をします。これが日本語学習の第一歩です。

「いろは歌」は、日本の情緒《じょうちょ》とともに次第に忘れられましたが、「五十音図」は、「日本語の音を文字で表す理想像」として、外国語でさえも日本語で表すことのできる「曼荼羅《まんだら》」として、日本語がある限り生き続けることでしょう。

21

な

【na】

なかよく、な！

「なよなよ」とクラゲが
「ながれ」ていく
柔《やわ》らかく、ゆったりした語感の「な」

「な」はゆったりとしたものを表す

「なな（七）」という数字は、ラッキーセブンと言われたりして、みんな好きですね。日本語の格言には「七転び八起き」という言葉もありますね。

　さて、〈ひらがな〉の「な」、〈カタカナ〉の「ナ」は、「奈《な》」という漢字から作られました。「奈《な》」は、もともとカラナシと呼ばれる木の名前を表すもので「柰」と書かれるのが本字です。古代中国ではこれが疑問の「どうして？」という意味の「ナ」の発音と同じだったので、当て字として使用されました。漢文で「奈何」と書いて、訓読で「いかん」と読まれるような使われ方をしたのです。

　ただ、仏教用語では「奈《な》」は「奈落《ならく》」などという言葉で使われました。これは「地獄《じごく》」を意味しますが、以来「奈《な》」は「底知れない深さ」「とても大きいこと」を表す言葉として使用されるようになったのです。

「奈良《なら》」と書く漢字の表記は当て字で、「ナラ」は「平《なら》した土地」（柳田國男《やなぎだくにお》）が語源であると言われたり、古代朝鮮語《ちょうせんご》としての「国」を表す「ナラ」が語源（松岡静雄《まつおかしずお》）だと言われたりします。

ただ、もうひとつ、漢字の「奈《な》」から考えるなら「偉大《いだい》な」とか「なみなみとして大きな」「良いところ」という意味もあるのではないでしょうか。もちろん、「奈良《なら》」は「寧楽」「乃楽」「平城」「名良」「那楽」「諾楽」などさまざまな当て字がありますから、一概《いちがい》には言えないことは明らかですが。

ただ、「な」という音には「ゆったりした」ことを表す語感があるのは否《いな》めないのではないかと思います。

なみなみと、なよなよと

「なみなみ」という言葉があります。「**池の水は、なみなみとしていて、その上に、月の光が明るく輝《かがや》いていました**」（『百姓《ひゃくしょう》の夢』）と小川未明《おがわみめい》は書いています。

「お酒をなみなみと注ぐ」という言い方もありますが、「なみなみ」は、液体が入れ物いっぱいになってあふれそうなほど多量であることを表します。そして、その液体が「ゆったり」としていることも語感として感じさせます。

それでは「なよなよ」はどうでしょうか。

『枕草子《まくらのそうし》』には「**萩《はぎ》、いと色ふかう、枝たをやかに咲《さ》きたるが、朝露《あさつゆ》に濡《ぬ》れてなよなよとひろごりふしたる**（萩《はぎ》の花が色深く、枝を嫋《たお》やかに咲《さ》いているのが、朝露《あさつゆ》に濡《ぬ》れてなよなよと広がって繁《しげ》っている）」と記されます。

「なよなよ」には、「弱い」という印象もありますが、柔《やわ》らかく、ゆったりと、しなやかであるという語感を表すものではないでしょうか。

声に出して言ってみよう

なぁ！

「**私は心の中で、あんな笑い方しなければいいのになぁと思っていた**」（群《むれ》ようこ『無《む》印良女《じるしりょうひん》』）。

呼《よ》び掛《か》けたり、念を押《お》したり、同意を求めたりするとき、語尾《ごび》に使う「なぁ」は、断定を表す「だ」の鼻濁音《びだくおん》から生まれて来たものですが、「だ」に比べると

なにぬねの

とても優しい感じになりますね。

なびなび

もう使われなくなった擬《ぎ》態《たい》語に「なびなび」というのがあります。『名語記《みょうごき》』(一二七五年)に「『なびやか』『なびなび』などという言葉があるが、『なび』とは一体どういう意味か?」とあって「なびは、きびしからざる心也《なり》」と記されています。「なび」とは、のびのびとして流麗《りゅうれい》な状態をいう言葉として使われていました。ゆったりした感じがします。

なめなめ

漢字では「滑々《なめなめ》」と書きます。「**鞠《まり》ばかりなる物の目口もなきが、さすがに生物にて、なめなめとしてくるめくなり**」と『沙《しゃ》石集《せきしゅう》』(一二八三年)に記されています。鞠《まり》は、目も口もないが、生き物のように、なめらかにクルクル回転するというのです。もちろん早く回ることを言っているのでしょうが、その鞠《まり》の表面のツルツルとした柔《やわ》らかさ、ゆったりした感じも伝わってきます。

なんなん

ものごとが満《み》ち充《み》ちていることを言う言葉に「なんなん」というのがあります。「なみなみ」が変化した言葉だと言われますが、「**日脚《ひあし》も未《いま》だなんなんと、ねぐらに迷う頃《ころ》にもあらず**」(歌舞伎《かぶき》『韓人漢文手管《かんじんかんもんてくだの》始《はじまり》』)にはこう記されています。まだお日さまがいっぱいだということです。「なみなみ」よりさらにゆったりとした状態を表す言葉ですね。

22

に

【 ni 】

にたにたわらって にんまり

「べったり」「にちゃにちゃ」「粘着《ねんちゃく》」を表す語感の「に」

くっつく感じのする「に」

「にちゃつく（にちゃつき）」という言葉があります。今なら「いちゃつく（いちゃつき）」というのでしょうが、田山花袋《たやまかたい》は**「僕《ぼく》の室《へや》のすぐ前に居て、始終中《しょっちゅう》、そのにちゃつきを見せられて居るからねえ」**（『春潮《しゅんちょう》』）と書いています。男女が睦《むつ》まじくふざけ合うことを言う言葉です。

さて、〈ひらがな〉の「に」も〈カタカナ〉の「ニ」も「仁」（カタカナの「ニ」は数字の「二」の説も）という漢字から作られました。

「仁」は今は、漢字音として「ジン」と発音されることが多いと思いますが、古代、孔子《こうし》が活躍《かつやく》していた紀元前五〇〇年頃《ごろ》は「ニィェン」と発音されていました。これは「粘《ねん》」の字の発音と同じです。「仁」は、もともと、切っても切れない血で

なにぬねの

「粘着《ねんちゃく》」している「親と子」の間の愛情を言ったものなのです。

「に」には、なにかこのような「粘着《ねんちゃく》」を表すような語感があるのではないかと思われます。

「にたにた」という笑い方を表す言い方があります。

「**女はにたにた笑いを唇《くちびる》のはしにうかべながら、二歩、三歩寄って来た**」（『流れる女』）と小松左京《こまつさきょう》は書いています。

「にたにた」という笑いにはどこか、ネトネトとした粘《ねば》り気《け》が感じられ、さらっとした笑い方でないこと、下心があるようなニュアンスを感じます。

それでは「にこにこ」はどうでしょうか。

「にこにこ」は「にたにた」に比べれば、明るさを感じます。「**それから二三日して学校から帰るとお婆《ばあ》さんがにこにこして、へえお待遠《まちどお》さま。やっと参りました。と一本の手紙を持て来て……**」（『坊《ぼ》っちゃん』）と、夏目漱石《なつめそうせき》は書いています。うれしそうに笑うところを表す言葉ですが、「けらけら」「ころころ」「わはは」などに比べれば、身近な人との密接な関係の間で使われる笑い方を表す言葉ではないかと思われます。

にょろにょろ。にょきにょき

「にょろにょろ」という擬態語《ぎたい》があります。田村俊子《たむらとしこ》は『木乃伊《みいら》の口紅』（一九一三年）に「**肩衣《かたぎぬ》をつけた女の身体からにょろにょろと抜《ぬ》け出した島田の女の首が……**」と書いています。

「にょろにょろ」とは細長い物がゆっくりとうねるようにして伸《の》び出てくることを言いますが、べっとりとした、あるいはぬめるような、粘《ねば》つく感覚が感じられる言葉です。

それでは「にょきにょき」という言葉はどうでしょう。

「**松のにょきにょき、竹のすらすら、ただあれらはあんな物と見すまして**」と俳諧《はいかい》『杖《つえ》の竹』（一八一六年）に書かれます。

竹が伸《の》びるのはあっというまで「すらすら」でしょう。松はそんなに早く生えて行きませんし、クネクネとうねるようにして伸《の》びていきます。こういうことを表すのが「にょきにょき」なのかもしれません。今では物事が次々に現れることをいう言葉になってしまっているようですが。

なにぬねの

声に出して言ってみよう

にっしり

「お二方のお顔をにっしりと見せ」と浄瑠璃《じょうるり》『彦山権現誓助剱《ひこさんごんげんちかいのすけだち》』（一七八六年）に書かれています。「にっしり」は「にしにし」という擬態《ぎたい》語と同じものだといわれますが、しみじみと見つめることをいいます。にじり寄って粘着《ねんちゃく》するように見る見方にぴったりの言い方ですね。

にゃむにゃむ

狂言《きょうげん》『惣八《そうはち》』に「**心得た。妙法蓮華経《みょうほうれんげきょう》ニャムニャムニャムニャム**」という言葉が出てきます。これは口の中で、小さな声で何かをいうことを表す言葉ですが、口の中で舌がネバネバと唾液《だえき》と一緒《いっしょ》になって粘《ねば》ついているところがよく感じられる言葉ではないでしょうか。

にゃんにゃん

猫《ねこ》の鳴き声というのもありますが、長崎《ながさき》県《けん》や大阪府《おおさかふ》では「にゃんにゃん」は口の中に食べ物を入れて、柔《やわ》らかく噛《か》むことをいう言葉として使われます。

「この昆布《こんぶ》は、よーにゃんにゃんにゃんして食べなはい」（長崎県《ながさきけん》）と言ったりします。口の中で粘《ねば》つく様子がよく表れています。

23

ぬ

【nu】

「ぬるっ」とすべる

ぬめって、ぬるぬる
意識の違《ちが》うところに来たり、
行ったりするような語感の「ぬ」

得体の知れないものがやってくる

ぬか床《どこ》の中からキュウリやナスを取り出したことがありますか？　ぬるぬるですよね。「にゅるにゅる」ほどには水分はなく、「なめなめ」ほどにはなめらかさもなく、やっぱり「ぬるぬる」というのがもっともふさわしいのではないでしょうか。

さて、「ぬ」という〈ひらがな〉、「ヌ」という〈カタカナ〉は「奴《ぬ》」という漢字から作られました。この字は「奴隷《どれい》」という意味で使われますが、「奴《やつ》」の右側「又《また》」は手を表し、「女」はこの漢字の音を表します。唐代《とうだい》のこの漢字の音は「ノ」というものでした。これを日本人は「ヌォ」という音で聞き「ヌ」となったのだと考えられます。

ところで、『名語記《みょうごき》』について、

なにぬねの

（一二七五年）は「ぬめる、ぬめぬめだと言うが、『ぬめ』とは何か？」と記して「なでたる物はぬめぬめとなれば也《なり》。但《ただし》、又《また》、ぬめはなめらかなりといへる滑《かつ》の字のよみのはじめ歟《か》」と記しています。つるっとすべるというようなときに使う「滑《かつ》」の訓によるというのですが、「つるっと滑《すべ》る」と「ぬめぬめ」では感触《かんしょく》がかなり違《ちが》うことは確かです。

平野雅章《ひらのまさあき》はナマコについて書いた文章で「**酢《す》のものになっていればこそ食指は動きますが、ぬめぬめしたからだを店頭にさらしているときは、ちょっと手をだしかねます**」（『たべもの歳時記《さいじき》』）と書いています。

ぬか床《どこ》から出すキュウリ、ナマコを触《さわ》る感覚、もちろんそこには滑《すべ》るものを触《さわ》るという感覚がありますが、それ以上に、なにか自分とは違《ちが》う世界にいる存在が、こちら側の世界にやってくるといった得体の知れないものとの接触《せっしょく》を語感とする感覚があるのではないかと思うのです。「奴《ぬ》」の古代の発音「ヌォ」という音を使って「ぬぉるぬぉる」と言ってみると、「ぬるぬる」よりさらに滑《すべ》りながら得体の知れないものがこちら側に迫《せま》ってやってくる感じがしてきます。

違《ちが》う世界へ

宮部《みやべ》みゆき『模倣犯《もほうはん》』に「**彼《かれ》らは彼《かれ》らのしたことにふさわしい制裁を受けませんでした。ぬけぬけと罪を免《まぬが》れて、時間の経過と共に消えてゆこうとしています**」と書いています。「ぬけぬけ」とは「あつかましいこと」「知っていても知らないふりをして、しらじらしい態度をとること」を言います。

しかし、この「ぬけぬけ」にしても、常識あるいは本来なら罪を受けるのが当然である「こちら側の世界」から、「滑《すべ》り」込《こ》むように「非常識」の世界へ行くことのように感じられます。「ぬ」とは、意識の違《ちが》うところに来たり、行ったりするような語感を持つ音ではないでしょうか。

ところで、「ぬらりひょん」という化け物をご存知《ぞんじ》でしょうか。『嬉遊笑覧《きゆうしょうらん》』という江戸《えど》の随筆《ずいひつ》に「**扨《さて》、その奇怪《きかい》の物に名のあるは浄土絵双六《じょうどえすごろく》など其始《そのはじめ》にや。其名の大略は赤口ぬらりひょん、牛鬼、ぬっへらほう**」と書かれています。浮世草子《うきよぞうし》『好色《こうしょく》敗毒散《はいどくさん》』には「**その形ぬらりひょんとして、たとへば鯰《なまず》に目口もないようなるもの、あれこそ迂詐《うそ》の精なれ**」とも記してあります。川や溝《どぶ》の近くに棲《す》む妖怪《ようかい》なのでしょうか。「ぬらりひょん」に頬《ほお》を触《さわ》られたりすると、気持ちが悪そうですね。

なにぬねの

声に出して言ってみよう

ぬくぬく

漢字で書けば「温々」となります。寒い中にあって、その身だけが温かくしていることをいいます。**「私はまだベッドの中でぬくぬくと眠《ねむ》っていて、母の慌《あわ》てた声に起こされた」**（山本文緒《やまもとふみお》『きっと君は泣く』）。外の世界では慌《あわ》てふためく状態なのに、自分だけがベッドという世界で温かくしている。外とは隔絶《かくぜつ》した世界がよく分かります。

ぬっと

「突然傍《とつぜんかたわ》らの闇《やみ》の中から、一人の男がぬっと姿を現わしてそう声をかけた」（横溝正史《よこみぞせいし》『殺人暦《さつじんごよみ》』）。向こう側の闇《やみ》の世界からこちら側の明るい世界へ、音もなく、現れて、びっくりする感覚が「ぬっと」という言葉には感じられます。

ぬらりくらり

「なにを訊《き》いてもぬらりくらりとしているので、半七は入口に腰《こし》をおろした」（岡本綺《おかもとき》堂《どう》『半七捕物帳《はんしちとりものちょう》』）。もともと、柔《やわ》らかくてぬるぬると滑《すべ》ってつかまえにくいことを言う言葉です。とらえどころがない、つまり自分にとって敵か味方か分からない、どっちの世界にも行ったり来たりしていることを表しています。

24

ね

【ne】

うごかない「ね」

なるほど

「ねちねち」ねばって、
「ねっとり」ねむる
粘《ねば》っこく近いことを表す語感の「ね」

「ね」は「根」

まったく動かない生活をすることを「根が生えた」と言ったりします。『名言通《めいげんつう》』（1835年）によれば「ね（根）」は「粘《ねば》る」という意味に語源があるとされます。また『和句解《わくげ》』（1662年）は「根」が横になっていることから「寝《ね》」に通じるのではないかとも書かれています。

さて、〈ひらがな〉の「ね」は「祢《ね》」の草書体、〈カタカナ〉の「ネ」は「祢《ね》」の左側、偏《へん》から作られました。「祢《ね》」は「禰《ね》」の略字体です。景行《けいこう》、成務《せいむ》、仲哀《ちゅうあい》、応神《おうじん》、仁徳《にんとく》という五代の天皇に仕えたとされる伝説の忠臣、武内宿禰《たけしうちのすくね》の名前に「禰《ね》」が使われますが、この漢字はもともと「父の廟《びょう》」を表します。「示」は神様の霊《れい》が降りて来る祭壇《さいだん》、「爾《じ》」は「近い」ことを意味します。

武内宿禰《たけしうちのすくね》は、『日本書紀』『古事記』のいずれにも、孝元《こうげん》天皇の皇孫として描《えが》かれますが、この孝元《こうげん》天皇の和名に「大日本根子彦国牽天皇《おおやまとねこひこくにくるのみこと》」と「根」の字が使われているのです。

父系の御霊《みたま》に近いことを意味する「宿禰《すくね》」と「根」との一致《いっち》は、必ずしも偶然《ぐうぜん》とは言えないのではないかと詮索《せんさく》してみたくなります。

「ね」という音は、このような意味で、「近いこと」、あるいは「奥底《おくそこ》で通じること」を表す語感を持つのではないかと考えられます。

「ねぇ」と語尾《ごび》に付けるだけで感じるもの

「ねぇ」と呼《よ》び掛《か》けるのは、とっても親しい間柄《あいだがら》の関係です。また文末にも「ねぇ」という言葉は付きますが、文末に付けると相手に媚《こ》びるような雰囲気《ふんいき》、相手に承諾《しょうだく》を求めて近づいていくような感じを与《あた》えるのではないでしょうか。

「どこの家でも亭主《ていしゅ》が全く帰ってこなかったら、家庭は壊《こわ》れちゃうよねぇ」（『風俗《ふうぞく》の人たち』）と永沢光雄《ながさわみつお》は書いています。

これが「壊《こわ》れちゃう」で終わっていたとすれば、ただ状況《じょうきょう》を断定するだけの言葉になってしまいます。「壊《こわ》れちゃうよ」であれば、その断定を強調することになるでしょうが、「壊《こわ》れちゃうよねぇ」となると、聞き手に同意を求めるために発話者が聞き手に近づく感じが出てきます。

たったひとつの「ねぇ」ですが、こういう力を発揮するのです。

それと同時に、この「ねぇ」は、少し粘《ねば》っこく近づいていく感じを与《あた》えます。

「壊《こわ》れちゃうさ！」と言うと、あっさりと家庭が壊《こわ》れることを言い切ってしまうことになりますが、「壊《こわ》れちゃうよねぇ」と言うと、相手の顔色を見ながらねっちりと粘《ねば》っこく相手に近づく感じを受けます。

「ねちねち言う」という言い方があります。性格がくどかったり、動作や言い方がしつこかったりするさまをいうのが「ねちねち」ですが、「ねちねち」とした言い方は、本当にこちら側の肌《はだ》に近づいて来てべたつく「ねばねば感」を感じます。

声に出して言ってみよう

ねちねち

「船の中の淡水《たんすい》では洗っても洗ってもねちねちと垢《あか》の取り切れなかったものが」（『或《あ》

る女』）と有島武郎《ありしまたけお》は書いています。脂《あぶら》が身《から》体《だ》に貼《は》り付《つ》いたように垢《あか》がある様子がよく出ています。「ねちねち」は粘液《ねんえき》のようなものが、不快に貼《は》り付《つ》いていることを表す言葉です。

ねっちり

「手紙を読んでもらう人もよく考えて、ねっちり読む人に頼《たの》むことにします」（『獄中《ごくちゅう》への手紙』）と宮本百合子《みやもとゆりこ》は書きます。「ねっちり」は「しつこいこと」を意味する言葉ですが、「ねっちり」と書くと、手紙の隅々《すみずみ》や行間まで舐《な》めるように読む「密着感」「ねばねば感」がよく出ます。

ねとねと

「ねとねとして無暗《むやみ》に歯の間に挟《はさ》まる此所《ここ》いらの麺麭《パン》」（『明暗』）と漱石《そうせき》は書いています。

柔《やわ》らかくて粘《ねば》り気《け》があることをいうのが「ねとねと」ですが、歯と歯の間にぐちゃっと挟《はさ》まる密着感、不快感を表すのが「ね」の持つ音感ではないでしょうか。

ねばねば

「そう思ってみたが、ふしぎなことにそれは喧嘩《けんか》で人をなぐるよりも、もっとねばねばした罪の匂《にお》いがした」（三浦綾子《みうらあやこ》『塩狩峠《しおかりとうげ》』）。

「ねばねばとした罪の匂《にお》い」とはどういうものでしょうか。法を冒《おか》すだけではなく、もっと人としての倫理《りんり》的な面に触《ふ》れる罪を犯したという感じがしますね。人間としてやってはいけないことをしたことに対する「罪」は、心にねばねばとついて離《はな》れることがないような印象を読む者に与《あた》えます。

25

の

【no】

のんきにのほほん

「のんびり」「のほほん」「のらくら」
ゆったり寄《よ》り掛《か》かる語感の「の」

「の」は他のものに寄《よ》り添《そ》うこと

日本人は、強く「NO!」と言えないとよく言われます。それはひとつには、曖昧《あいまい》さということにこそ、日本文化の根幹があるからでしょう。「もののあわれ」に美意識を感じ、お縁《えん》という家の一部を外に出して内側なのか外側なのか分からない空間を作ったりする。谷崎潤一郎《たにざきじゅんいちろう》がいう「陰翳《いんえい》」、別な言い方で言えば「曖昧《あいまい》さ」あるいは「相手に寄《よ》り添《そ》うこと」にこそ美徳を感じることを日本人は長い間大切にして来たのです。そういう点から言えば、「NO!」と強く言うことは、かえって醜《みにく》いものと感じられるものです。

　さて、〈ひらがな〉の「の」は「乃」の草書体から、〈カタカナ〉の「ノ」は「乃」の第一画を取って作られました。

「乃」は漢文では、二人称《ににんしょう》の代名詞として「なんじ」、あるいは接続詞として「すなわち」と読んだりして使いますが、もともとは耳たぶのようにグニャグニャとして、他のものと重なっていることを表すものでした。「亻（にんべん）」をつけた「仍《じょう》」が「なずむ」や「仍《よ》る」と読んで、ベトッと他のものに寄《よ》り掛《か》かることを意味するのは、「乃《の》」にグニャグニャと他のものに帰属するという意味があるからです。

このように考えると、所有、所属などを表す日本語の格助詞の「の」も、「乃《の》」の本来の意味と無関係ではないのではないかと考えたくなります。

春の海ののたり感

与謝蕪村《よさぶそん》（一七一六〜八四年）の句に「**春の海　終日《ひねもす》のたりのたりかな**」というのがあります。海が凪《な》いでいます。でもそれだけではありません。春の暖かさになよなよとゆったりとたゆとうように動いています。波があるわけではなく、海の水がゆっくりと向こう側がこちら側へ、またこちら側から向こう側へと寄《よ》り添《そ》うように動いてのんべんだらりとしている感じですね。

「**岩の凹《へこ》みに湛《たた》えた春の水が、驚《おど》ろいて、のたりのたりと鈍《ぬ》るく揺《う》ごいている**」（『草《くさ》枕《まくら》』）と漱石《そうせき》は書いていますが、この言葉は、蕪村《ぶそん》の「春の海」の句と同じ雰囲気《ふんいき》をよく伝えています。

それでは「のっしのっし」という言葉はどうでしょう。

「泉の向うの林の中を、巨像《きょぞう》が一頭、のっしのっしと歩いて来る」（『南蛮《なんばん》阿《あ》房列車《ほうれっしゃ》』）と阿川《あがわ》弘之《ひろゆき》は書いています。

大きな身体《からだ》の象がゆっくり、重々しく一足一足に重心を掛《か》けながら歩いて来る。一方の足を上げると体重が反対に掛《か》かり、足をずどんと落として反対の足を上げると今度はこちら側に体重が掛《か》かるという具合に、やはりゆったりと寄《よ》り掛《か》かるような語感が出ています。

声に出して言ってみよう

のうのう

「こうして毎日をのうのうと送り暮らしている息子がいるものだろうか」（『司令の休《きゅう》暇《か》』）と阿部《あべ》昭《あきら》は書いています。「のうのう」は、束縛《そくばく》するものがなく、ゆったりしていることをいいますが、ただゆったりしているのではなく経済的に誰《だれ》かに依存《いぞん》しているなどのニュアンスを感じます。

のさん

「**自然《ひとりで》に、のさんと、二階から茶の間へ素直《まっすぐ》、棒立ちに落ちたで、はあ**」（泉鏡花《いずみきょうか》『日本橋』）。鏡花《きょうか》は、人が倒れたことをこんなふうに表現しています。大きいものが、ゆっくり落ちることをいう擬態《ぎたい》語とも言われますが、明治以降の文学作品の中に用例を見つけることができません。ただ、『浮《うき》世風呂《よぶろ》』には、「**此《これ》まア、油の浮《う》いた事ちう、のさんばい**」とあって、「堪《た》えられない」「がまんならない」という意味で使われています。鏡花《きょうか》の「のさん」も、堪《た》えきれなくなって、大きな音を立ててゆっくりと落ちてくることを言っているのでしょう。

のったり

「**いかにも重そうな鎧兜《よろいかぶと》を身につけた二人の騎士《きし》は、従者の手を借りてのったりと地面に降り立った**」（板東眞砂子《ばんどうまさこ》『旅涯《たびは》ての地（下）』）。「のったり」は「のたり」を強めた言い方ですが、従者の手や地面という寄《よ》り掛《か》かるものに身体《からだ》を預ける感じがよく出ています。

のらりくらり

種田山頭火《たねださんとうか》は「**のらりくらり、こういう生活にはもう私自身がたえきれなくなった**」と『其中日記《ごちゅうにっき》』に記しています。これといった仕事もしないで日を送ることを言っているのですが、自立せず、誰《だれ》かに依《い》存《ぞん》して生活している感じがします。

は

【 ha 】

はっぱのはしがはらはら

増やしていっぱいにする、先端《せんたん》の部分、という語感を表す「は」

お腹《なか》いっぱい

今われわれが「はひふへほ」と発音するハ行は、古代の日本では「パピプペポ」と発音していました。ですから、奈良《なら》時代、「母」は「パパ」と呼ばれていましたし、「藤原不比等《ふじわらのふひと》」は「プディパラのプピティォ」と呼ばれていたのです。

当時の日本語を聞くことができたとしたら、赤ちゃんがしゃべっているような感じがするのではないかと思いますが、「お腹《なか》」のことを「ぱら」と言っていたとすると、お腹《なか》いっぱいになって、腹が膨《ふく》れて（ぱらがぷくれて）いるような感じを受けます。

さて、〈ひらがな〉の「は」は「波」の草書体から作られました。

「波」の旁《つくり》「皮」は「虍《こ》」が変化したものと

はひふへほ

「又《また》」から作られています。「虍《こ》」は獣《けもの》の皮を意味し、「又《また》」は手を意味します。手で支えていても皮はなよなよとして自身ではしっかり伸《の》びることができないということを表します。海の「波」も表面がなよなよとたよりなく波打っていることから「皮」という漢字が付けられています。「波」の発音が「パ」だったからこそ、「は」の発音をする漢字として採用されたわけですが、海に囲まれた日本で「波」はいつも目の前にあるもので、お腹《なか》をいっぱいにしてくれる魚介《ぎょかい》がたくさんあるものでした。腹を満たす海の「波」ということもあったのかもしれません。

ところで〈カタカナ〉の「ハ」は「八」から作られました。

「八」は、物を「分ける」という意味の「分」にも見えますが、これは物を切り分けてたくさんのものにするということを意味します。だからこそ今でも中国では「八」という数字がとても好まれます。増幅《ぞうふく》していっぱいになることを象徴《しょうちょう》するのです。

衣《きぬ》摺《ず》れの音

『源氏物語』（帚木《ははきぎ》）に「**衣《きぬ》の音なひ、はらはらとして**」とあります。

これは布が擦《す》れ合《あ》っていることを表しているのですが、麻《あさ》で織られたパサパサとした布が触《ふ》れ合《あ》って出す音は「パラパラ」ともいうような音がしっくりきます。

また「葉」を「葉っぱ」とも言いますが、これも風によって葉っぱが揺《ゆ》れる姿や音も「パラパラ」と見えるからこのように呼ばれるのではないでしょうか。

ところで、「葉」は、木の先端《せんたん》部分についています。「は」には、先に触《ふ》れた「いっぱい」であると同時に、先端《せんたん》の部分を表す語感もあるのではないかと思われます。「端《はし》」というのもそうです。「**治郎《じろう》兄さんは死物狂《しにものぐる》いで走って来たと見えて、縁側《えんがわ》に着いてからも、はあはあいう息をなかなか止めることができない**」（『幼年時代』）と柏《かしわ》原兵三《ばらひょうぞう》は書いています。息も口の先から出るものです。

声に出して言ってみよう

はきはき

「**やがて姿をみせないで遠くから、はきはきした男の声がいった**」（『赤穂浪士《あこうろうし》』）と大佛次郎《おさらぎじろう》は書いています。「はきはき」は態度や物言いがはっきりしていることを表しますが、これは、パンパンに気力が満ち足りた状態を表しています。

はた

はひふへほ

「びくびくとして、はたから見れば自分は小動物のようだったと思います」（乙一《おついち》『さみしさの周波数《しゅうはすう》』）。

この場合の「はた」は、「本人とは直接関係のない、そば、わき」という意味ですが、もうひとつ「はた」には、次のような言葉もあります。

「思いながらしばらく考えているうちに、右門《うもん》ははたとひざを打ちました」（佐々木味《ささきみ》津三《つぞう》『右門捕物帖《うもんとりものちょう》』）。

これは、言うまでもなく、手で膝《ひざ》を叩《たた》く音を表したものですが、叩《たた》く場所も叩《たた》く音にしても、直接関係のない部分をちょっとだけ叩《たた》くという印象があります。

はたはた

「信長が馬を駈《か》けさせると薄羽織《うすばおり》が風にはためき、蝶《ちょう》がはたはたと動いた」（司馬遼《しばりょう》太郎《たろう》『国盗《くにと》り物語』）。蝶《ちょう》の羽の動きは、葉っぱが風に揺《ゆ》れるのとよく似ています。

続けざまに煽《あお》られる様子を「はたはた」といいますが、羽は蝶《ちょう》の先端《せんたん》の部分がゆらゆらとしていることを表しています。

ぱちくり

「四人は眼《め》をぱちくりさせたが、まだよく意味を了解《りょうかい》したとはいえなかった」（『伊賀《いが》の聴恋器《ちょうれんき》』）と山田風太郎《やまだふうたろう》は書いています。

「ぱちくり」は、驚《おどろ》いたり呆《あき》れたりするときに、盛んにまばたきをすることを表します。「眼《め》」のこうした動きが外部の刺激《しげき》に反応しているさまは、風に葉っぱが動くのと同じ意味があるのではないかと思われます。

27

ひ

【 hi 】

ひくひく、ひきつる

なるほど

表面的に他と比べて目立った違《ちが》いを表す語感がある「ひ」

比べて分かる、ピカッ！

現在われわれがハ行で「ひ」と発音していた言葉は、古代の日本では「ぴ」と発音されていました。

「ひかり（光）」と言いますが、「ピカッ」としているという感覚から「ぴかり」という言葉が生まれたに違《ちが》いありません。

『万葉集』には、「**月読《つくよ》みの比可里《ひかり》を清《きよ》み神島《かみしま》の磯《いそ》みの浦《うら》ゆ船出《ふなで》すわれは**」（巻十五・三五九九番）と新羅《しらぎ》に遣《つか》わされる使人《しじん》が、現在の広島県福山市の西北部にある神島《かしま》で詠《よ》んだ歌があります。考証によれば、この歌は六月五日頃《ごろ》の上弦《じょうげん》の月であろうとされますが、真っ暗な中で船を出すために潮を待つ人が、ピカーッと光る月を見ている情景が頭に浮《う》かんできます。

はひふへほ

さて、〈ひらがな〉の「ひ」は「比」の草書体から、〈カタカナ〉の「ヒ」は「比」の右側を取って作られました。「比」はもともと「二人の人がならんでいること」を表す漢字です。そして、ならぶことによって、「二人の違《ちが》いがよく分かること」を意味する「くらべる」という意味で使われるようになったのです。

ピカッと「ひかって」いるのも、背景である夜、あるいは闇《やみ》との比較《ひかく》の中で明らかになる現象と言えるでしょう。「ひ」には、表面的に、他と比べて、目立って見える違《ちが》いを表す語感があるのではないかと思います。

ひんやり「氷」

藤沢周平《ふじさわしゅうへい》『喜多川歌麿女絵草紙《きたがわうたまろおんなえぞうし》』に「**歌麿《うたまろ》は首を振《ふ》った。六畳《じょう》の部屋には、外の空気とは別の、ひんやりとした感じが籠《こ》もっていた**」という文章があります。「ひんやり」は、室町《むろまち》から明治時代までは「ひいやり」とも言われました。どちらも「冷える」から派生したものですが、「ひんやり」「ひいやり」は、ピーンと張《は》り詰《つ》めた冬の冷たさに通じる冷たさを感じます。『大言海』や『和訓栞《わくんのしおり》』には、「ひえる」の「ひ」は「氷」の和語である「ひ」に由来するのではないかと説かれています。

ところで、身体《からだ》の一部が痙攣《けいれん》したように動くこと、また短い時間をおいて微《かす》かに動くことを「ひくひく」と形容したりします。

「**乾《かわ》いた舌が歯茎《はぐき》にひくひく触《ふ》れ、僕《ぼく》は背が一面に汗《あせ》ばみ始めるのを感じた**」（『死者の奢《おご》り』）と大江健三郎《おおえけんざぶろう》は書いています。口の中の「乾《かわ》いた舌」だけが表面的に痙攣《けいれん》したように震《ふる》え、背中の全体（「背の一面」）はべっとりと汗《あせ》ばむという対比は、「ひくひく」という言葉を引き立てる表現だと言っていいのではないかと考えられます。

「ひくひく」は「ひきつる（引《ひ》き攣《つ》る）」から派生した言葉ですが、これは物の表面が縮んでつっぱることを言います。「表面」というところにも「ひ」の音が象徴《しょうちょう》する音感があるのではないでしょうか。

声に出して言ってみよう

ひさひさ

『米沢本沙石集《よねざわぼんしゃせきしゅう》』（一二八三年）に「**近代も湯屋にとめ湯して、女房《にょうぼう》入れまゐらせんとて、ひさひさとさばくる**（ちかごろ、湯屋で前日の湯を貯《た》めておいて、女房《にょうぼう》などをいれて、水をバシャバシャと掛《か》けて（湯を）浴びさせる）」とあります。「ひさひさ」は、現在、われ

はひふへほ

われが使う「ピシャピシャ」という水の撥《は》ねる擬音語《ぎおん》です。水の表面だけが他と比べて軽やかに動いて跳《は》ねていることがよく分かります。

ひたひた

「耳を澄《す》ますと、時々舟《ふね》が通るのかひたひたという波の音も聞こえてくる」（相馬泰三《そうまたいぞう》『六月』）。「ひたひた」は、「ひたる（浸・漬）」と同根の言葉ですが、水の表面が目立つように上がってくることを表しています。

ひょい

「あなやと思う隙《すき》もなくひょいと口から出てしまって」（『異端者《いたんしゃ》の悲しみ』）と谷崎潤《たにざきじゅん》一郎《いちろう》は書いています。「ひょい」は「身軽に」「簡単に」「気軽に」という意味ですが、「心の思いと比較《ひかく》して軽く表面的に」ということをよく表す言葉だと言えるでしょう。

ひょろ

「その三人がエレベーターのなかへ消えてからまもなく、いやに背のひょろ高い男がフロントのまえにきて立った」（横溝正史《よこみぞせいし》『病院坂の首縊《くびく》りの家（下）』）。

「ひょろ」を強調していう「ひょろっこい」という江戸《えど》言葉もあります。これは背が高いだけではなく、風が吹《ふ》くだけでもよろけるくらい痩《や》せた人のことを表します。「ひょろける」という動詞は、「足元が定まらずよろめくこと」を言います。「ひ弱い」も表面的で、しっかりとした芯《しん》が見えないことであれば、「ひ」には「か弱い」という語感もあるのではないでしょうか。

ふ

【fu】

ふわふわふっくら

なるほど

「豊かさ」を表す語感と「打ち消し」を表す語感を持つ「ふ」

「ふ」は「富」と「不」の意味がある

すでに述べたように、日本の古代、奈良《なら》時代から平安時代初期頃《ごろ》までは、「ハ行」は、現代日本語のように喉《のど》の奥《おく》から出す音ではなく、唇《くちびる》を合わせて「パピプペポ」と発音されるものでした。「ふ」も当時は「プ」と発音されていたのです。

それからまもなく、両唇《くちびる》を合わせて「ファフィフゥフェフォ」と発音されるように変化します。

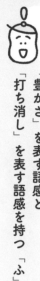

「ふる（震）える」という言葉を身体《からだ》で表現するとき、「プルプル」と言ったりしますが、「プルプル」の方が語感としては「震《ふる》え」ていることをよく表すような感じがしませんか。

さて、〈ひらがな〉の「ふ」は「不」の草書体から、〈カタカナ〉の「フ」は、「不」の第一画と第二画を合わせたものから作られたという説と、

はひふへほ

「富」から作られたという説があります。

唐《とう》代の中国語音ではどちらも「ピァゥ」という音で、しかも両方の漢字の草書体は同じということで、どちらが正しいのか、はっきりしたことは分かりませんが、私は、二つの系譜《けいふ》が日本語の「ふ」の付く言葉に影響《えいきょう》を与《あた》えているのではないかと思っています。

なぜなら、たとえば「富士山」と「不二山」というように、同じ山を「富」と「不」で書き分けている例もあるからです。

「富士山」だと、とても豊かに、「まっすぐに天に向かって聳《そび》え立《た》った山」ということになるでしょう。「不二山」だと「世の中に二つとはない（素晴《すば》らしい）山」という意味になるでしょう。

「ふ」で始まる言葉にも、このように「豊かさ」を表す語感のものと、何かを打ち消す意味での語感を持つものがあると考えられるのです。

ふくふくの枕《まくら》

「ふ（増）える」という言葉があります。「増」の右側「曽《そ》」は、下がお湯が入れてある鍋《なべ》、「田」の部分は、点心（シューマイなど）を入れて重ねて蒸《ふか》す器具、上の二画はそこから漏《も》れる湯気を表します。重ねてどんどん増えていくということを意味するのですが、「ふくふく」という擬態語《ぎたい》もこうしたことを表しました。

「ふくふくの枕《まくら》に頬《ほお》をおっつけて私はポロポロ涙《なみだ》をこぼして居た」（『日記』）と宮本百《ゆ》合子《りこ》は書いています。

枕《まくら》の中に入った綿がパンパンになるまでふっくらしているという「豊かさ」を感じることができます。これに似たものとしては「ふさふさ」なども挙げることができるでしょう。

しかし、「ふにゃ」という言葉は、「柔らかくて、すぐに力が抜《ぬ》けること」を表しますが、こちらは「不」に通じるものではないかと思うのです。

声に出して言ってみよう

ふくふく

「まだ木《き》の香《か》のたつような新しい二階の縁《えん》側《がわ》に、眼《め》のさめるような友ぜんの蒲団《ふとん》のふくふくとほしてある景色はあまりに幸福そうで妬《ねた》ましくなってくるくらいである」

（森田《もりた》たま『もめん随筆《ずいひつ》』）。

「蒲団《ふとん》のふくふくとほ（干）してある景色」の「ふくふく」が蒲団《ふとん》を指すものか景色を言っているのかよく分かりませんが、もしかしたら作者は両方に掛《か》かるように故意にこう書いているのかもしれません。「ふくふく」を「福福」と漢字で当てることもできそうです。

ふすふす

「野には塵埃《じんあい》の山がふすふすと燃えかかって、その煙《けむり》が右へ右へと靡《なび》き渡《わた》る」（『春《しゅん》潮《ちょう》』）と田山花袋《たやまかたい》は書いています。

「ふすふす」とは、「ぷすぷす」と同じく、くすぶりながら燃える様子を表したものです。はっきりしないちょっと消極的な「不」という語感が感じられます。

ふたふた

「扇《おうぎ》ふたふたとつかひ、懐紙《ふところがみ》さしいれて」と『枕草子《まくらのそうし》』に使われます。扇《おうぎ》であおぐときの音を表す擬音《ぎおん》語、擬態《ぎたい》語です。

「ふわふわ」とした風がゆっくりと豊かな香《こう》の煙《けむり》を漂《ただよ》わせている感じを受けますね。

ふふ

「ふ、ふ、どうせあたしは色気違《いろきちが》いよ（中略）美佐子《みさこ》はその場を救うためにわざとずうずうしく笑った」（『蓼喰《たでく》う虫』）と谷崎潤《たにざきじゅん》一郎《いちろう》は書いています。ここに記される「ふ、ふ」という笑い声は、自嘲《じちょう》が込《こ》められています。「いやいや」という意味も含《ふく》まれているとするなら、「不」の系譜《けいふ》にある擬《ぎ》音《おん》語と言ってもいいのではないでしょうか。

29

へ

【 he 】

「へいき」の「へっちゃら」

へたるように座《すわ》って、へらへらわらう
ちょっと薄《うす》っぺらく
表面的、部分的な語感の「へ」

それほどまでに心には染《し》みない「へぇ」

式亭三馬《しきていさんば》の『浮世風呂《うきよぶろ》』に、現代では使われなくなった「へこたこ」という言葉が記されています。

「**自慢《じまん》らしういうことが皆《みな》へこたこじゃ**」とあるのですが、どういう意味か想像できるでしょうか。「でたらめ」という意味なのです。それ以前には「あてが外れること」という意味でも使われていたようです。

こんな話を聞いたとき、よく人は「へー!」と言いますね。江戸《えど》時代の本には「へヱ」と書いてあることがほとんどなので、もしかしたら彼《かれ》らは「へうぇ」と発音していたのかもしれません。意外なことに驚《おどろ》いたり呆《あき》れたり、感心したときに出

はひふへほ

る「へぇ」ですが、聞いたことに一時的に感心したり驚《おどろ》いたりはしても、深く心の底から感動するということにまでは及《およ》ばないのではないでしょうか。

「へ」は、「へこたこ」もそうですが、ちょっと薄《うす》っぺらい語感を人に与《あた》えるような気がします。

ところで「へ」は〈ひらがな〉も〈カタカナ〉も「部」の「阝（邑偏《おおざとへん》）」の部分から作られました。「部」は「区分けした一部分」「小さく分けて処理する」ということを意味する漢字です。表面的なこと、部分的であるというような言葉が「へ」で始まる言葉には多いような感じがします。たとえば「へん（辺）」「へきち（僻地）」などです。

下降していく「へ」

「へこたれる」という言葉があります。「へたれる」とも言われ、「疲《つか》れて倒《たお》れる」という意味で使います。

「**いつも星を見ているあの生意気な小学生も雨ですっかりへこたれてうちの中で絵なんか書いているんだ**」（『双子《ふたご》の星』）と宮澤賢治《みやざわけんじ》は書いています。

「へこたれる」は、肉体的疲労《ひろう》よりむしろ、精神的な面で使われることが多い言葉ですが、宮澤賢治《みやざわけんじ》が書いているように「雨」などの一時的な状況下《じょうきょうか》で、ある期間だけ

「へこたれて」いるという意味では、部分的にたまたま「精神的なダメージがある」ということを表していると言っていいのではないかと思います。

さて、福井県《ふくいけん》で使われる方言に「へがへが」という言葉があります。「ハリガネがへがへがに曲がっとる」「病気上がりで、へがへがしている」と使うそうです。

これは「たよりなく弱いこと」をいう擬態語《ぎたい》なのですが、「へこたれる」や卑屈《ひくつ》に頭をしきりに下げる「へこへこ」、ものが細かったり、減ったりするときのことをいう「へそへそ」など、上に上がっていく言葉ではなく、下にずぶずぶとゆっくり崩《くず》れていく感じを受けるものが多いような気がします。

声に出して言ってみよう

へこへこ

「看護婦《かんごふ》は勿論《もちろん》、小使《こづかい》にだってヘコヘコしている」（高見順《たかみじゅん》『故旧《こきゅう》忘《わす》れ得《う》べき』）。

ここで使われている「へこへこ」は、「ぺこぺこ」と言《い》い替《か》えることができるかもしれませんが、「へこへこ」という言葉は「へぇ」という相槌《あいづち》の打ち方に共通して、とても表面的な印象を受けます。「ぺこぺこ」だとただ態度だけのようですが「へこへこ」だと、頭を下げながらも舌を出して笑って相手をばかにしているような感じがします。

へたへた

「相手の男は、文四郎《ぶんしろう》が若い男をみとめたのを見ると同時に、へたへたと地面に膝《ひざ》をついた」（『蝉《せみ》しぐれ』）と藤沢周平《ふじさわしゅうへい》は書いています。急に力が抜《ぬ》けて、弱々しく倒《たお》れることです。「へなへな」とも言いますが、これも下降して崩《くず》れていく語感がしますね。

へとへと

「そのときの混雑は大変なもので船長も運転士もへとへとになってしまった」（『武漢作戦』）と石川達三《いしかわたつぞう》は書きます。「疲《つか》れてしまって。身体《からだ》から力が抜《ぬ》けてしまうこと」をいうのが「へとへと」です。「へたる」「へたへた」と同じく、ずぶずぶとゆっくり肉体も精神も崩《くず》れるような感じです。

へなへな

「こわいなあ、と思ったけれども俺《おれ》は義経《よしつね》でへなへなの弓しか持っていない」（『パンク侍《ざむらい》、斬《き》られて候《そうろう》』）と町田康《こう》は書いています。「弱々しく形が崩《くず》れること」「気力や体力を失って力なく崩《くず》れること」というのが「へなへな」の意味です。また態度がしっかりしないことも「へなへな」と言いますが、どれも「へ」で始まる言葉には、強い印象を与《あた》えるものはありません。

30

ほ

【 ho 】

「ほ」はほんとうにほわほわ

なるほど

「ほんわか」「ほのか」「ほのぼの」
柔《やわ》らかい心地よさを
感じさせる語感の「ほ」

にほんとニッポン

「ほんわか、ほんのり」という言葉を聞くと、なにか心がほっとしませんか？

「ほのか」という名前も人気だと言われますが、優《やさ》しい人の名前に聞こえますね。

「ほ」で始まる擬《ぎ》音《おん》語、擬《ぎ》態《たい》語には「ほわほわ」「ほくほく」「ほのぼの」などがありますが、どれもちょっと頬《ほお》が緩《ゆる》む和《なご》やかさを感じます。

ただ、「ほ」という音も、古代の日本では「ぽ」と発音されていました。「ほ」と現代日本語のように、喉《のど》の奥《おく》から発音するようになったのは江戸《えど》時代になってからです。

ところで、「日本」という国号の読み方に「にっぽん」と「にほん」と二つありますが、これもこのことと無関係ではありません。

はひふへほ

奈良《なら》時代、唐《とう》から派遣《はけん》された漢音（唐《とう》の首都である長安で話されていた標準語）を教授してくれる先生は、「日本」という漢字音を「ニィェット・プゥァン」と発音するのだと教えたと考えられます。これが日本語化して、いつしか「ニッポン」と言われるようになったのです。はたして、江戸《えど》時代になって、とくに東国である江戸《えど》の方から「ほ」という発音が広がっていくのですが、そうなると次第に人は「日本」を「ニホン」と呼ぶようになったのです。

大阪《おおさか》にある「ニッポンバシ」、これに対する東京の「ニホンバシ」、漢字で書くと同じ「日本橋」なのに、読み方が違《ちが》うのが何故《なぜ》なのかもはっきり分かりますね。

そして、「ニッポン」と言うと強い感じを受けますが、「にほん」と言うと優《やさ》しい感じを受けませんか。「ほんわか」「ほんのり」「ほのか」「ほわほわ」「ほくほく」「ほのぼの」のように「ほ」は、ほわ〜っとした柔《やわ》らかさを感じさせる語感なのです。

ほかほか、ほっかり

「**ガスの燃える音がかすかにして、しだいに背中からほかほか暖まってきた**」（『門』）

と夏目《なつめ》漱石《そうせき》は書いています。

漱石《そうせき》がここで使っているように「ほかほか」は「心地いい温かさ」をいう言葉です

が、岩手の方言では「香気《こうき》が漂《ただよ》うさま」「お金の持ち合わせの多いこと」も意味します。そういわれると、「心地よい温かい」というのも、最初、冷えていたのが、ゆっくり温度が上がってきて十分な温かさになること、それと同時に心にもゆとりが感じられるようになるイメージが湧《わ》いてきます。

さらに「ほっかり」というと、包みこむような温かさを感じるのではないでしょうか。太宰治《だざいおさむ》は「**手に持っている毛玉が急にほっかり暖かく、冷たい雨空もビロウドみたいに柔《やわ》らかく感ぜられる**」（『斜陽《しゃよう》』）と書いています。

「ほ」という音は、優《やさ》しい、柔《やわ》らかい、温かい語感を与《あた》えるものなのです。

声に出して言ってみよう

ほっほっほ

「**ほっほっほ、みなさんはじめは戸惑《とまど》いなさいますわね**」と横溝正史《よこみぞせいし》『病院坂の首縊《くびくく》りの家』に書かれています。「ハハハハ」「ゲラゲラ」「クスクス」などの笑い声と違《ちが》って「ほっほっほ」という笑い方は、心の余裕《よゆう》のある人の笑い声に聞こえます。

ほとほとし

奈良《なら》時代から平安時代頃《ごろ》まで「ほとほとし」という言葉がありました。

「**かくいひて眺《なが》め続くる間に、ゆくりなく風吹《かぜふ》きて、漕《こ》げども漕《こ》げども、しりへしぞきにしぞきてほとほとしくうちはめつべし**」と『土佐《とさ》日記』に見えます。これは「こんなふうに言って眺《なが》め続けているうちに、急に風が吹《ふ》き起こって、漕《こ》いでも漕《こ》いでも、後方へと後退し、あやうく転覆《てんぷく》しそうだった」というのですが「ほとほとし」は「すんでのところで死にそうである」という意味で使われています。ぎりぎりのところまで堪《た》えてもうこれでダメだと諦《あきら》めるような、一瞬《いっしゅん》の気の緩《ゆる》みみたいなものを感じる言葉のような気がします。

ほやり

今では使われなくなってしまった言葉に「ほやり」というものがあります。近松門《ちかまつもん》左衛門《ざえもん》『雪女《ゆきおんな》五枚《ごまい》羽子板《はごいた》』に「**空のかんばせにこやか、ふくやかにっこりほやりの笑顔は誰《だれ》だア**」と書かれています。これは優《やさ》しく微笑《ほほえ》むこと、もの柔《やわ》らかでなめらかであることをいうものです。

ほろり

「**まあ、こんな嫁《よめ》さんもあるのかなあと思って、ほろりとしたこともありました**」（『続々』）と淀川長治《よどがわながはる》は書いています。「ほろり」とは、何かに感じ入って心が動くさまですが、じわ〜っと心にこみ上げてくる優《やさ》しさですね。

column 03

語感の使い方がうまい作家

お正月料理には欠かせない食べ物のひとつに「クワイ」というものがあります。漢語では「慈姑《くわい》」と書き、そのまま意味を取れば「慈《いつく》しみ深《ぶか》い姑《しゅうとめ》」ということになりますが、どうして漢語ではこう書かれるのか――毎年、クワイをいただくたびに、頭をひねってしまいます。

『大和本草《やまとほんぞう》』には、「慈姑《くわい》、其子は根蔓の末より生ず。旧本はかれて、母子は、のこりて又来《また》春生ず」と記されていますので、この説にしたがえば、もとの母親の根の部分が枯《か》れて、次の母になるものと、もとの母親の子どもが残って大きく実となるからだということになるのでしょう。

じつに不思議な野菜、いや、野菜とも言えないようなまるでくだもののような、転がして遊べるおもちゃ、あるいは置き物としてもよさそうな、不思議な食べ物ですね。

さて、このクワイのおいしさを、語感として上手に表現した人をふたり紹介《しょうかい》したいと思います。

ひとつは英文学者・吉田健一《よしだけんいち》（一九一二〜七七年）の次のような言葉です。

「その歯触《はざわ》りは栗《くり》にも似てもっとしゃきしゃきしていて味の方はどうにもならない。……芳《かんば》しくて僅《わず》かに苦味があってそれでどこか栗《くり》の甘味《あまみ》

と言へそうなものもある」（『私の食物誌』）。

他に喩《たと》えようのない苦みと甘《あま》みと食感を、吉《よし》田健一《だけんいち》はこのように表現するのです。

もうひとりは、書誌学者・林望《はやしのぞむ》（師匠《ししょう》）の文章を紹介《しょうかい》しましょう。

「**クワイはかすかな甘味《あまみ》といくらかのエゴさがほとんどないといってもよいだろう。私はこの野菜をこよなく愛するもので、だいいちあの丸くて造形的な形、それに野菜離《ばな》れした青い色がよい。……そのシャキシャキと爽《さわ》やかな音響《おんきょう》が顎《あご》の骨に響《ひび》く感じは、ちょっと他のものには変え難い**」（『音の晩餐《ばんさん》』）。

お二人とも、食感については「**シャキシャキ**」と同じく記していますが、まず味、そして形から色へ、さらにシャキシャキ感が顎《あご》の骨にまで響《ひび》いていくという、かわいい塊《かたまり》を、思わず愛《いと》おしく口の中に入れて堪能《たんのう》するような林師《はやしし》匠《しょう》の表現は、まさに文章の達人と言えるものだと思います。

SNSなどで、もっとも多く紹介《しょうかい》されるのはお料理だと思いますが、言葉でその食感や見た目を紹介《しょうかい》することはとても難しいと思います。

くわいの唐揚《からあ》げについては、幸田露伴《こうだろはん》の長女・幸田文《こうだあや》（一九〇四〜九〇年）が「**くわいはあまり油をはねず、さわさわとおとなしく火がとおる**」（『台所の音』）と記していますが、「**さわさわ**」こそ、くわいの唐揚《からあ》げにはもっともふさわしい食感だと思わずにはいられません。

31

ま

【ma】

ママ、まだまだ
まんま

なるほど

「小さいこと」「細かいこと」がずっと長く続いている語感の「ま」

簡単な発音で言える「ま」

赤ちゃんが一番はじめに出す音は「ま」です。お母さんのことを「ママ」、「食事」を「まんま」と言うのも、赤ちゃんが一番発音しやすいからなのでしょう。

自分で「ま」と発音してみると、どんな音を出すより簡単だということが分かると思います。ただ、唇《くちびる》に力を入れることもなく、開けば「ま」の音が出てきます。

さて、〈ひらがな〉の「ま」は「末」の草書体から作られ、〈カタカナ〉の「マ」は「万」から作られたと言われています。

「末」という漢字は、もともと梢《こずえ》、また木の先の部分に印を付けた指事文字で、「小さいこと」「細かいこと」を意味します。

まみむめも

また「万」は「萬《まん》」の略字体として使われて来ましたが、「萬《まん》」は「長く長く続く数」という意味で「長いこと」を表す意味でも使われます。

どうしようもなくてまごまご

太宰治《だざいおさむ》は「**毎日、こんな奥《おく》の部屋でまごまごしていたって、いい文学は出来ない**」と『親友交歓《こうかん》』に書いています。

「まごまご」とは、どうしてよいのか分からないでうろたえることを言います。「まごつく」という動詞でも、「まご」は使われます。

これはもともと「間を隔《へだ》てる」という意味の「間子《まご》」に由来すると言われます（『国語の語根と其《そ》の分類』）。どうしようもなくなって時間だけが間を置いて長く長くつながるように小刻みに過ぎて行くというような感じです。それが、人などの行動に対して言われるようになると「目的やあてのない動作をなんども繰《く》り返《かえ》す」という意味の「まごまご」という言葉で使われるようになったのでした。

「まじまじ」という言葉もあります。

「**それから私の眼《め》をまじまじと見た後、ようやく納得がいったという顔をした**」（『四《よ》畳半神話体系《じょうはんしんわたいけい》』）と森見登美彦《もりみとみひこ》は書いています。

「まじまじ」は、ひるまないではっきりと正面から物事を見極《みきわ》めるように見るという意味で使われますが、もともとは、しきりにまばたきなどをして眠《ねむ》れないことを言うものでした（『日葡《にっぽ》辞書』）。これも、「まばたき」という目の小さな運動が長く長く続くことを表すものでしょう。

同じような言葉に、「まだまだ」というのもあります。「まだ」は古くは「い」という語調を整える接頭語がついて「いまだ」という言葉で使われていましたが、これも「間所（まと）」という、小さな間がずっと長く続いていることが語源であると言われます。

声に出して言ってみよう

まざまざ

「呉葉《くれは》は次第に女の心が男の方に引寄せられて行くのをまざまざと見た」（『道綱《みちつな》の母』）

と田山花袋《たやまかたい》は書いています。

「まざまざ」は「目の前に、明瞭《めいりょう》に、はっきりと見る」ことを言いますが、これは細かな部分が間を置いて、少しずつくっきり

まみむめも

と見えてくることです。

ましくしゃ

現代では使われなくなった擬態語《ぎたい》に「ましくしゃ」というものがあります。**「まだ足もぬくもらず、目も合わず、ましくしゃとして居るに」**と『好色小柴垣《こうしょくこしばがき》』（江戸《えど》前期の浮世《うきよ》草子）に出てきます。

これはしきりにまばたきをすることをいうのですが、「間」をおいて「目をしょぼしょぼさせる」様子がよく現れています。

まだらまだら

式亭三馬《しきていさんば》は『浮世風呂《うきよぶろ》』の自序に**「作者の毫《ふで》、まだらまだらと埒《らち》あかずは……」**と書いています。これは「自分の毫《ふで》（筆）がなかなか進まないでまごまごしていて、手際が悪くなかなか原稿《げんこう》を終わらせることができず」という意味ですが、「まだらまだら」とは今の言葉で言えば「だらだらして」というのでしょう。ただ「まだらまだら」と書かれると、「間」あるいは「手間」や「時間」が「だらしなく」「だらけて」というような印象があって、三馬《さんば》が墨《すみ》を摩《す》りながら文案を練っているところを思《おも》い浮《う》かべたくなりますね。

まやまや

小林多喜二《こばやしたきじ》が『蟹工船《かにこうせん》』で**「監督《かんとく》が何《い》時《つ》でも自分の眼《め》の前で、マヤマヤ邪魔《じゃま》をしているようで……」**と使っています。「うるさくつきまとうこと」を言います。これもつきまとわれる「間」がずっと続くことを表しています。

32

み

【 mi 】

みっちり勉強したいです！

なるほど

みしりときしむ
みりりと氷がひび割れる
「密」で「繊細《せんさい》」な語感の「み」

ミンミンゼミは夏を凝縮《ぎょうしゅく》した声で鳴く

ミンミンゼミという小さな蝉《せみ》がいます。ミーン・ミン・ミン・ミン・ミーン・ミン・ミン・ミンという鳴き声を思《おも》い浮《う》かべると、黙《だま》っていても汗《あせ》が滴《したた》り落ちる夏の盛りの日差しや、プールで遊ぶ子どもたちの高い声などが一瞬《いっしゅん》にして頭に浮《う》かんできます。

ミンミンゼミという名前は、あの蝉《せみ》がミーン・ミン・ミン・ミンと鳴いているように、われわれの耳に聞こえるからこそ名付けられたのでしょうが、「ミーン・ミン」には、ギュッと「夏」が凝《ぎょう》縮《しゅく》された音に感じられませんか？

さて、〈ひらがな〉の「み」は、「美」の草書体から作られました。また〈カタカナ〉の「ミ」は「三」という漢字から作られました。

「美」は、「形のよい大きな羊」が原義ですが、微妙《びみょう》で繊細《せんさい》な美しさをいいます。「み」という音には「美」という漢字の持つ「繊細《せんさい》さ」の部分も引《ひ》き継《つ》いでいるのではないかと思われるところがあります。

「みっちり」「みっしり」の「密」

「**耕作は昭介《しょうすけ》を京都の仕立屋に行かせ、五年間みっちりと腕《うで》を仕込《しこ》ませた**」（『蔭桔《かげき》梗《きょう》』）と泡坂妻夫《あわさかつまお》は書いています。

「みっちり」とは「あることを中断することなく、十分に行うこと」を意味します。であるとすれば「みっ」を漢字で「密」と書いてもぴったりと当てはまるような感じがしないでもありません。

同じようなものに「みっしり」という言葉があります。

これは、「**おつぎも身体《からだ》みっしりして来たなあ、女も廿《はたち》と成っちゃ役にたつなあ**」（長塚節《ながつかたかし》『土』）とあるように、「すきまなく十分に詰《つ》まっていること」「肉付きがよくなること」を表します。これも漢字一字で表そうとするなら「密」ということになるでしょう。

ところで、今となってはもう使われなくなった擬態語《ぎたい》に「みさみさ」というものがあります。『宇治拾遺物語《うじしゅういものがたり》』に、**「せなかは紅《くれない》の練単衣《ねりひとえ》を水にぬらして着せたるやうに、みさみさとなりてありけるを」**と使われています。

「みさみさ」は今の言葉で言えば「びしょびしょ」とか「ぐしゃぐしゃ」ということになるでしょう。「み」と「び」は、どちらも二つの唇《くちびる》を合わせて発音するので、音感としては共通する部分があります。ただ、「びしょびしょ」だと不快感を感じるのに対して、「みさみさ」は不快感よりむしろ水が練単衣《ねりひとえ》の繊維《せんい》の中に、吸《す》い込《こ》まれるように奥《おく》まで染《し》み込《こ》んでいることを感じるのではないでしょうか。

そうした意味では「木や板がきしむ音」をいう「みしみし」も木や板の内部、奥《おく》の方の繊細《せんさい》な部分から音が鳴っている感じがすると言ってもいいのではないでしょうか。

「み」という音には、「密」「繊細《せんさい》」という音感があるように思われます。

声に出して言ってみよう

みきみき

「忽《たちま》ち裏手の山上高く天地も震《ふる》うばかりミキミキミキッと凄《すさま》しい音がして、戸も障子

まみむめも

もビリビリと動いた」（『良人《おっと》の自白』）と木《きの》下尚江《したなおえ》は書いています。

地震《じしん》が山を震《ふる》わせて、重い山の内部から、あるいは山に生えた木々が内部からきしむ音を出しているというのでしょう。「戸」「障子」が表面的に「ビリビリと動く」のに対して「みきみき」は内部からの音というのが対照的に描《えが》かれています。

みしゃみしゃ

「**雪と聞く度《たび》、元気がみしゃみしゃと落ちて**」と洒落本《しゃれぼん》『多佳余宇辞《たかようじ》』（一七八〇年）に使われています。

これは「ひしがれて潰《つぶ》れる音やその様子」をいうものです。

「元気」があったのが、「雪」と聞くごとに、内部から音を立てて崩《くず》れるように失われていく様子が感じられます。

みずみずしい

「**その写真は私の心の中にそっくり元のままみずみずしい美しさで残っていた。私はその頃《ころ》は頭ではそれが私の母の若い時分の写真であることを充分《じゅうぶん》に認めることは出来ても、まだ心の底ではどうしてもその写真の人と私の母を一緒《いっしょ》にしたくないような気がしていた**」と堀辰雄《ほりたつお》は『花を持てる女』に「みずみずしい」という言葉を使っています。

「みずみずしい」とは内側からにじみ出るような艶《つや》、新鮮《しんせん》な若々しさをいいます。

繊細《せんさい》さや内部から発せられるものが、「みずみずしい」という言葉にも感じられるのではないでしょうか。

33

む

【mu】

むかし、むかし あるところに

「むかむか」「むくむく」「むすっ」湧《わ》き上がるようなものを表す「む」

「む」は、木が生《お》い茂《しげ》って、そこに何があるか見えないこと

ＪＲ新橋駅の駅名、〈ひらがな〉とローマ字表記の看板を見たことがありますか？

「しんばし」と〈ひらがな〉で書いてあるのに、ローマ字では「Shimbashi」。

「Shimbashi」って「しむばし」ではないですか？「しんばし」なのに、なぜに「しむばし」？

ローマ字表記では、原則として「b」「p」「m」の前に「n」は現れません。実際に発音してみれば分かるように、「しんばし」の「ん」は、上下の唇《くちびる》を閉じて「む」と発音しています。「む」が、二つの唇《くちびる》を閉じて発音するのに対して、「ん」は、喉《のど》の奥《おく》で、音が出ないようにして止めるものなのです。

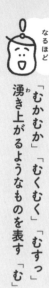

まみむめも

さて、〈ひらがな〉の「む」は、「無」の異体字である「无《む》」から、〈カタカナ〉の「ム」は、「牟《む》」の第一画と第二画の部分から取って作られました。

「無」の字源は、「たくさん木が茂《しげ》っていて、そこにあるものが見えない」ということを表します。また「牟《む》」は、「吽《うん》」と書いて「ムー（モー）」という牛の鳴き声を表したものでした。

日本人は、「イエス」でもなく「ノー」でもなく、「むー」とか「んー」とか、分からない音を発していると、よくヨーロッパの人から言われます。日本人にとってはよく聞く音で何の違和感《いわかん》もないのですが、彼《かれ》らにしてみると腑《ふ》に落ちないとっても気持ちの悪い音だと言うのです。まるで「たくさん木が茂《しげ》っているところにいて、何がそこにあるのか、分からない」という「無」の状態のようですよね。

わきあがってくる「むくむく」

近松門左衛門《ちかまつもんざえもん》の浄瑠璃《じょうるり》『百日曽我《ひゃくにちそが》』に「**腹わたが燃え返り、胸の虫がむかむかと、こらえかねて候共《そうらえども》**」という言葉があります。怒《いか》りがこみ上げてくることをいう「むかむか」は、江戸《えど》時代になってから使われる言葉で、室町《むろまち》時代頃《ごろ》までは、「たのしいこと」も含《ふく》めて、感情や考えが高まることを言いました。そして、もっと古く遡《さかのぼ》れば

「気分や具合が悪くて吐《は》き気《け》がする」という意味の「むかつく」が語源だったのです。

何かが湧《わ》き上がるようだという「むかむか」は、雲や波、煙《けむり》などが湧《わ》きたっていることをいう「むくむく」という言葉にも通じます。

「毛がふさふさと生えた犬」のことを「むく犬」というのをご存知《ぞんじ》でしょう。

これも「毛が茂《しげ》っている」という点では「むかむか」とも通じます。

それでは、機嫌《きげん》が悪いときに「むすっ」とするというのはどうでしょう。

顔が膨《ふく》らみ、機嫌《きげん》が悪いのは分かっても、その機嫌《きげん》の悪さがひとつのことに起因するわけではなく、いろんなことがいっぱい頭の中、胸の中に湧《わ》いてきてどうしようもない「むかむか」した状態になっていることを表しているのではないでしょうか。湧《わ》き上がるようなものを表すのが「む」という言葉の持つ語感なのかもしれません。

声に出して言ってみよう

むしむし

「土も草も大地は若い女のような熱い息をしている、むしむしと顔の汗《あせ》からも陽炎《かげろう》が

まみむめも

立ちそうである」（吉川英治《よしかわえいじ》『宮本武蔵《みやもとむさし》』）。陽炎《かげろう》が「むしむし」と「たちあがる」という表現は、暑さの中で、湿気《しっけ》が湧《わ》いて顔の周りに粘《ねば》りつくことを表すとてもおもしろい表現ですね。

むじむじ

現代では使われなくなった擬態語《ぎたい》です。禽語楼小《きんごろうこ》さんの落語『春日《かすが》の鹿《しか》』に「**餌料《えき》横領は一言もないから、暫《しばら》く青い息をふいて、ムヂムヂ致《いた》して居りました**」とあります。

いまなら「もじもじ」と言われる言葉ですが、もどかしく、いじけていることを「むじむじ」と言いました。やらないといけないこと、言わなければならないことが見えないながらも湧《わ》き上がって、しかし、それができないでいるという状態をいう言葉です。

むじゃむじゃ

「**白い髯《ひげ》がむじゃむじゃと伸《の》び、何年も着《き》尽《つ》くしたような衣服も老い疲《つか》れているらしく見られた**」（『人間嫌《ぎら》い』）と正宗白鳥《まさむねはくちょう》は書いています。「白い髯《ひげ》」が「むじゃむじゃ」という言い方は、「もわもわ」に比べて、固い髯《ひげ》が絡《から》まりながらいっぱいに生《お》い茂《しげ》っている感じを受けますね。

34

め

【me】

めんこいあの子が
めそめそ

「かわいい」より「めんこい」
「外見上の状態の変化」を表す語感の「め」

「め」は外見的な状態を表す

「かわいい」ことをいう言葉に「めんこい」があります。サトウ・ハチローの童謡《どうよう》「めんこい仔《こ》馬《うま》」（一九四〇年）には次のように使われています。

ぬれた仔馬《こうま》の　たてがみを
なでりゃ両手に　朝のつゆ
呼べば答えて　めんこいぞ　オーラ
かけていこうかよ　丘《おか》の道
ハイドウ　ハイドウ　丘《おか》の道

「かわいい」と「めんこい」の語感の違《ちが》い、どんなふうに感じますか？　「めんこい」は「愛《め》でる」から派生した言葉ですが、外見的な「かわいらしさ」を言っているような気がするのですが、いか

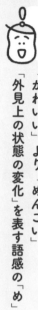

がでしょうか。

さて、〈ひらがな〉の「め」、〈カタカナ〉の「メ」、これらはどちらも「女」という漢字から作られました。

「女」は、女性のなよなよとした身体《からだ》つきを描《えが》いた象形文字です。これもまた外見的な状態を指しています。「めんこい」という外見的な「かわいらしさ」という点とあるいは共通するところがあるのではないかと考えられます。

めらめらもえる

「めらめら」という言葉は、九〇〇年頃《ごろ》に書かれたとされる『竹取物語』にすでに使われています。「**火の中にうちくべてやかせ給《たま》ふに、めらめらと焼けぬ**（火の中にくべて焼いてみたところ、めらめらと燃えた）」と、これは阿倍《あべ》の大臣が「火鼠《ひねずみ》の皮衣《かわごろも》」のニセモノをかぐや姫《ひめ》のところに持って来たので、それを確かめるために火で焼いたというところに出てきます。

「めらめら」は、ただ物が焼けるというのではなく、燃えているものが光ったり揺《ゆ》れたりする外見上の状態をいうものです。

また、「めらめら」には意味があります。

「**すると綿の種はローラアに食《は》み出されて手前に落ち、綿だけが道具の向うへめらめらと抜《ぬ》け出《で》て溜《た》まった**」（須井《すい》一《はじめ》『綿』）のように、「軽いものが抵抗《ていこう》なくなめらかに移動する状態」をいう言葉としても使われます。

しかし、これもやはり、抵抗《ていこう》なくなめらかに移動するという外見上の状態を表しています。

それでは「めそめそ」はどうでしょうか。

「**十時頃《ごろ》まで床《とこ》のなかで転輾《てんてん》してから、私はめそめそ泣き出して起き上る**」（『思い出』）と太宰治《だざいおさむ》は書いています。「めそめそ」は、声を出さないで泣くことをいいます。ただ、「**妻を迎《むか》えて、始て交りせんとする時、棒を立たるようなるもの、ただちにめそめそと小さく……**」（『おらが春』）と小林一茶《こばやしいっさ》が書くように「勢いが衰《おとろ》え、小さくなること」も表します。これもまた、外見上の状態の変化に対する言葉なのです。

同じような言葉で「めちゃめちゃ」はどうでしょうか。漢字では「滅茶」「目茶」と書きますが、これらはいずれも当て字です。「滅茶苦茶《めちゃくちゃ》」とも使われますが「くちゃ」は語調を整えるために添《そ》えられたものと言われます。「まったく筋道の立たないこと」「程度が並外れてはなはだしくよくない」など、すっきりと整っていないことを言うときに使われます。

声に出して言ってみよう

めきめき

「その日から、草は太陽の光を受けて、めきめきと成長いたしました」（小川《おがわ》未明《みめい》『小さな草と太陽』）。

「めきめき」には、ものがきしんだりする音を表す擬音《ぎおん》語もありますが、この場合は、「目に見えて急速に」という意味で使われます。やはり、外見上の状態の変化です。

めためた

現代では使われなくなった擬態《ぎたい》語に「めためた」というのがあります。**「めためたと悪敷《あしく》なり死病に極《きわま》る時」**（『日本永代蔵』）などと使われます。これは「程度がはなはだしく現れること」、とくに「悪い方へ現象が現れること」をいいます。また「めた」だけで「やたらと酒を飲んで、泥酔《でいすい》すること」を言ったりもします。

めろめろ

「どうしても童貞《どうてい》じゃないとやだとか、めちゃくちゃ女に慣れててめろめろにしてくれる男じゃないとやだとか？」（前園《まえぞの》はるか『痕～きずあと～』）。

「めろめろ」は、締《し》まりがなく、まったくだめになること、また完全に力なく打ちのめされて弱々しくなることです。

35

も

【mo】

もうすこしで もうもりもり

なるほど

「もこもこ」「もぞもぞ」内側から何かが湧《わ》き上がる語感の「も」

「もこもこ」は「毛こ毛こ」と書くともっとそれらしい

搗《つ》き立てのお餅《もち》を食べたことがありますか？

ほかほかで、むっちりとした弾力《だんりょく》があって、甘《あま》い糯米《もちごめ》の味がする搗《つ》き立てのお餅《もち》は、まさに「もちもち」としているというほか、言いようがありません。まるで赤ちゃんの頬《ほお》と同じような感じです。

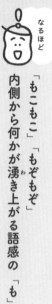

「も」という音には、この「もちもち」のように、内部からの力が込《こ》められている言葉が多いような感じがします。

さて、〈ひらがな〉の「も」、〈カタカナ〉の「モ」は、いずれも「毛」という漢字から作られました。「毛」は、細い「毛」を描《えが》いた象形文字ですが、「毛雨《もうう》」というように細くてたくさんあるものを表したり、「不毛」というように地表に

まみむめも

草木がまったく成長しないことを意味したりもします。

「もじゃもじゃ」という言葉は、まさに「毛」と共通するのではないかと思います。

似たようなものには「もこもこ」という言葉もあります。

「そうすると木だけじゃ物足りなくなって、モコモコ、モコモコふえたのがみーんな人間の家とか紙とかたべはじめるわけよ」（『にんげん動物園』）と中島梓《なかじまあずさ》は書いています。

これは羊についての話なのですが、羊が「モコモコふえる」というのは、毛玉でいっぱいの動物が増えるというのでぴったりの表現ではないかと思いますが、「毛こ毛こ」と書くともっとそれを文字として表現できるのではないかとも思います。

ふくらむ、もぐもぐ

「いも虫のようにもぞもぞと身体《からだ》をくねらせながら、地面で男が叫《さけ》んでいる」（『池袋《いけぶくろ》ウエストゲートパーク』）と石田衣良《いしだいら》は書いています。

「いも虫」の「もぞもぞと身体《からだ》をくねらせる」という動きとはどういうことを意味するのでしょうか。これは「左右上下に身体《からだ》をくねらせて、落ち着かないこと」ですが、内部からの力をどのように外にはっきり表していいのか分からず、組《く》んず解《ほぐ》れつしている状態と言ってもいいでしょう。

また、現代では使われなくなった擬態《ぎたい》語に「もちゃくちゃ」という言葉があります。現代語でいえば「むしゃくしゃ」でしょうが「**内証に金のいる事ありて、心もちゃくちゃしておちつかず**」(『擲銭青楼占《てきせんせいろうせん》』一七七一年)などと使われます。

「もちゃくちゃ」は、心配があって心が落ち着かない状態を言いますが、「むしゃくしゃ」に比べて、はっきりとしないもわーっとした心配などが内部から湧《わ》き上がっているような感じがするのではないかと思います。

「もぐもぐ」と食べると言いますが、これも口の中に頬張《ほおば》るという内側で膨《ふく》らんでいくことを表す言葉ですね。

声に出して言ってみよう

もかもか

「やまなしは横になって木の枝にひっかかってとまり、その上には月光の虹《にじ》がもかもか集まりました」(宮澤賢治《みやざわけんじ》『やまなし』)。

「もかもか」という擬態《ぎたい》語は、宮澤賢治《みやざわけんじ》が発明した言葉ですが、もやが掛《か》かったように月の光が虹《にじ》色に籠《こ》もったように光を放っ

まみむめも

ていることがよく分かります。

もくもく

「すさまじいほどの大煙柱《だいえんちゅう》がもくもくとして高原の涯《はて》に立ち昇《のぼ》るのであった」（吉《よし》田《だ》紘《つる》二郎《じろう》『八月の霧島《きりしま》』）。

「もくもく」は、ここで書かれるように火山の噴煙《ふんえん》が上がること、また入道雲のようなものが湧《わ》き上がってくることをいいます。内側からどんどん膨《ふく》らみ湧《わ》き上がることです。

もずもず

「そして胸の上においた手をもずもずさせてまだ花札をいじっているような真似《まね》をした」（宮嶋資夫《みやじますけお》『金《かね》』）。

今なら「もじもじ」という言葉でしょう。

しかし、「もずもず」は「もじもじ」より、さらに動作や態度がはっきりしないで、鈍《どん》重《じゅう》な感じを受ける言葉ではないでしょうか。

もたもた

「青年がもたもたしていると、玄関《げんかん》から勝手に入ってきた人物があった」（星新一《ほししんいち》『おみそれ社会』）。

すでに記した「もじもじ」「もずもず」なども同じですが「もたもた」という言葉は、進めなければならないことが終わらず、物事が捗《はかど》らないことを表します。京都府竹野郡の子守唄《こもりうた》に**「ねんねせーいや、もたもたせいーや、それがいやなら、泣くないや」**というのがあるそうです。なかなか眠《ねむ》らない子どもに掛《か》ける言葉ですが、言われるともやもやと眠気《ねむけ》が湧《わ》いてきそうです。

36

や

【ya】

やや、やっぱり
やはとぶ

何度も回数を重ねる、「矢」のように突《つ》き進《すす》む語感がある「や」

「やっぱり」と「やいのやいの」

たとえば、試験に合格しなかったようなとき、「やっぱり」と言われたら、みなさんどう思いますか？　すごく嫌《いや》な感じがしますね。すでに合格しないことが発言した人には予測されていて、それを確かめるように「やっぱり」と言われた感じがするからです。

それから「やっぱり」の「や」には人を責めるような「矢」のような強さも感じられます。

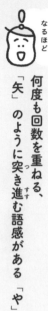

さて、〈ひらがな〉の「や」、〈カタカナ〉の「ヤ」は、いずれも「也《なり》」という漢字から作られました。

「也《なり》」は、ここで文章が終わるという意味で文末に使われることが多いものですが、もうひとつ現代中国語では「〜もまた」と、同じ行為《こうい》や状態が何度も現れるときに使われる言葉でもあります。

「すでに考えていたこと」「すでにあったこと」が重ねて起こるという点においては、「やっぱり」という言葉に通じるところがあるのではないかと考えられます。

また、「やいのやいの」という言葉があります。

「**やいのやいのという上からの催促《さいそく》で、毎日書く申報《しんぽう》の種に困ったことも再三再四であった**」（堀田善衛《ほったよしえ》『記念碑《きねんひ》』）などと使われます。

「やいのやいの」は、ひとつのことを厳しく何度も懇請《こんせい》したり催促《さいそく》したりすることを言います。「や」には、「何度も何度も」という語感があるのかもしれません。

やわやわと説く

現代では使われなくなった擬態《ぎたい》語に「やきやき」というものがあります。これは、いまでは「やきもき」となりましたが、「やきやき」は、明治時代には「やっきやっき」という言葉でも使われました。「**銭のないほど気楽なものはない、盗人《ぬすっと》がはいる気遣《きづか》いなし、たれが一つ無心いう者もない、ヤキヤキいう世話がいらん**」と、滑稽本《こっけいぼん》『大わらい臍《へそ》の西国《さいごく》』にはこのように使われています。「気ぜわしい」という意味なのでしょうが、「ヤキヤキ」というと、何度も攻《せ》められるような感じがします。

それでは「やわやわ」はどうでしょう。

「柔《やわ》らか」「しなやか」「なよなよ」、また「手加減をして、あまり力を入れず、ゆっくりと物事をすること」をいう言葉です。「**やわやわと説き起し、りんりんと訴《うった》え、ひっそりと納めた**」（『青い月曜日』）と開高健は使っています。もちろん「柔《やわ》らかい」ことを言うのでしょうが、「やわやわ」と説き起こす対象はしっかりしています。それは「やきもき」というのでも同じでしょう。気を揉《も》んだり心配することですが、「やきもき」にはどこでもいいから一方向に突《つ》き抜《ぬ》けて、状況《じょうきょう》から抜《ぬ》け出《だ》したいという意志があるように見えます。

「や」の語感には、回数を重ねるという意味と「矢」のように突《つ》き進《すす》むような方向性があるのだと思います。

声に出して言ってみよう

やらやら

狂言《きょうげん》『角水《かくすい》』に「**やらやらめでたや、めでたやな**、唐土《とうど》にまさる日の本なれば、君

安全に、民もゆたかに納まる」という言葉があります。

またロドリゲス日本大文典には「**やらやら、めでたや、南蛮船《なんばんぶね》がつきまらした**」と使われています。「あらあら」が広く驚《おどろ》いたように歓声《かんせい》を上げるのに対して、「やらやら」は対象とするものが決まって、それに対して喜びを発するという感じがします。

やりやり

現代では使われなくなった擬態語《ぎたい》です。

「**けさよりくりをむき候《そうら》えば、おいどがやりやりとしていたく候《そうろう》**」と御伽草子《おとぎぞうし》『猿《さる》の草子《そうし》』に見えます。これは、今朝から栗《くり》の皮をむいているので、おしりが「やりやり」と痛くなりましたというのですが、「やりやり」は、我慢《がまん》できないほどの痛みを言います。ここではおしりが集中的に刺《さ》すように痛いという意味で言っているのです。

やんさもんさ

「やっさもっさ」という言葉でも使われます。

「**約五分やっさもっさもめかえした後、僕《ぼく》は漸《ようや》く曽根《そね》君を介抱《かいほう》してその家に行《いっ》た**」（『思出の記』）と徳冨蘆花《とくとみろか》は使っています。

「あらゆる方向に向かって」もめたり混乱させたりというのと、何度も何度もという反復する動きもよく感じられる言葉です。

37

ゆ

【 yu 】

ゆたかなきもちで

ゆとりがある、ゆったりとしている語感がある「ゆ」

「ゆ」は「由」からできた言葉

ゆったりした暮らしをしたいと願わない人はいないでしょう。ゆらゆら揺《ゆ》れるハンモックに乗って、ゆっくりと流れる時間を、愛する人とゆるゆると過ごす……。

もちろん、そんなことは「ゆめ」のまた「ゆめ」で、「はたらけどはたらけど猶《なお》わが生活《くらし》楽にならざりぢっと手を見る」（石川啄木《いしかわたくぼく》『一握《いちあく》の砂《すな》』）という現実の日々なのですが、だからこそやっぱりいつか「ゆらゆら揺《ゆ》れる〜」を夢見てみたい。

〈ひらがな〉の「ゆ」、〈カタカナ〉の「ユ」、いずれも「由」という漢字から作られました。

「由」は、もともとお酒や油を入れる壺《つぼ》を描《えが》いた象形文字で、さまざまなものが出てくる理由や原因、由《よ》って湧《わ》き出《で》てくるものを表す言葉です。

「由々《ゆうゆう》」という熟語がありますが、これは、長く続くこと、ゆるゆるとゆったりするさまを言った言葉です。「ゆったり」「ゆらゆら」と無関係ではないと言えるのではないでしょうか。

「ゆったり」「ゆらゆら」は「ゆとり」の「ゆ」

ところで、今では使われなくなった擬態《ぎたい》語に「ゆたゆた」というものがあります。これは、「ゆたかで落ち着いた状態」を表す言葉で、鎌倉《かまくら》時代から明治時代まで使われていました。この「ゆた」について、鎌倉《かまくら》時代の語源辞書『名語記《みょうごき》』は「ゆたとは何か？」と問い、それに次のように答えています。「ゆるつなこと、緩綱《ゆるつな》である。ゆたむ、またゆたかの意味である」と。「ゆたむ」は「たるむ」という意味を表しますが、もともとは「手綱《たづな》がゆったりとしていること」を言う言葉だったのです。「ゆたか」という言葉は、ゆとりがあることを言うものなのです。

それでは「ゆらゆら」とはどういうことを言うのでしょうか。

「ゆらゆら」には、三つの意味がありました。

ひとつは、『源氏物語』に見える「**髪《かみ》は、扇《おうぎ》を広げたるようにゆらゆらとして**」（若《わか》紫《むらさき》）のように「髪《かみ》がたっぷりとたくさんあって美しい」ということを表すものです。

これは「ゆたか」に通じるものでしょう。それから動作がゆっくりであるということ。これは「**くつわ虫　ゆらゆら思へ秋の野の　藪《やぶ》のすみかは長き宿かは**」（『曽丹集《そたんしゅう》』十一世紀初頭）に見えています。そして、もうひとつは「**坐《すわ》っている時でもからだがゆらゆらして居た**」（寺田寅彦《てらだとらひこ》『鼠《ねずみ》と猫《ねこ》』）のように、現代語でも使われる「揺《ゆ》れ動《うご》く様子」を表す言葉です。これもじつは、豊かなことから派生して現れた言葉なのです。

それでは「ゆっくり」とはどういう意味なのでしょうか。

これはもともとは「ゆくり」と言われた言葉で、室町《むろまち》時代に入ってから「動作や気持ちにゆとりがあること」「余裕《よゆう》が十分にある様子」「急がないさま」を表すようになりました。ゆとりがあること、ゆるゆるする語感があるのです。

声に出して言ってみよう

ゆっさゆっさ

「木々がゆっさゆっさゆれはじめ、あちらこちらで、雪が落ちる音が響《ひび》きはじめた」

（上橋菜穂子《うえはしなほこ》『獣《けもの》の奏者《そうじゃ》Ⅱ　王獣編《おうじゅうへん》』）。

「ゆっさゆっさ」とは、なにか重いものが上下左右に揺《ゆ》れ動《うご》くさまを言ったものです。これに対して「ゆらゆら」は軽いものが揺《ゆ》れることをいいます。「ゆっさ」の「っさ」に力が籠《こ》もるからでしょう。

ゆっす

「ゆっす」という擬態《ぎたい》語がありました。

「**徳山臨済がよって引いてもゆっすともすまい**」（『大淵代抄《だいえんだいしょう》』一六三〇年頃《ごろ》）。

これは「ゆっすり」という言い方でも使われています。「一瞬《いっしゅん》動くこと」で、「**此《これ》ごとくにいたせば、いづかたへもってまいっても、ゆっすりともいたさぬ**（このようにして、どこへもって行っても、一瞬《いっしゅん》だって動こうとはしない）」（虎明本狂言《とらあきらぼんきょうげん》『末広がり』）のように、打ち消しの言葉と一緒《いっしょ》に使われることが多い言葉です。

ゆるゆる

「**ゆるゆると背中を伸《の》ばしながら、眼《め》の前の赤い光りの隙間《すきま》をかえりみた**」（夢野久《ゆめのきゅう》作《さく》『白菊《しらぎく》』）。

これは動作が遅《おそ》く落ち着いていることを表す擬態《ぎたい》語です。ですが、気持ちにもゆとりがなければ「ゆるゆる」ということはないでしょう。「ゆ」には動作だけではない気分的にも「ゆったり」とした余裕《よゆう》が含《ふく》まれているのでしょう。

38

よ

【yo】

よっ！ よっぱらい

なるほど

「力を横の方に与《あた》えて自分を支える」という語感がある「よ」

「よ」と「ね」の違《ちが》い

　酔《よ》っ払《ぱら》ってしまった人を見ていると平衡《へいこう》感覚がなくなって「よろよろ」「よたよた」と左右に揺《ゆ》れて歩いていますね。「ゆらゆら」なら、まだかわいげもありますが、「よろよろ」「よたよた」だと、振《ふ》れ幅《はば》が大きくて、車にぶつかってしまうんじゃないか、ホームから落ちてしまうんじゃないか、どこかで尻餅《しりもち》をついて動けなくなってしまうんじゃないかと心配になってしまいます。

　さて、「よ」という〈ひらがな〉は「與《よ》」の略字体である「与《よ》」の草書体、「ヨ」という〈カタカナ〉は、「與《よ》」の上部右側の部分から作られました。

「与《よ》」はもともとは「二人が両手で一緒《いっしょ》に物を持ち上げていること」を表すものとして作られた漢

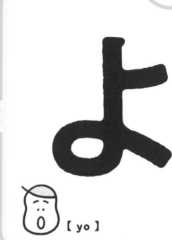

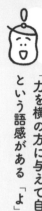

字ですが、ここから「あたえる」「参加する」「ともに（する）」「〜と」などの意味で使われるようになりました。

ところで「よー（よっ）」というかなり親しい間での呼《よ》び掛《か》けの言葉があります。また文末に「よ」という音を付けると、感動をこめて聞き手に働きかけたり、念を押《お》したりする役目をしたりもします。

相手に「与《くみ》する」「関係する」という意味では「与《よ》」という漢字の持つ意味と関係があるようにも思えます。

もうひとつ、「よー、お手を拝借」と言ってやる一本締《いっぽんじ》めあるいは三本締《さんぼんじ》めの掛け声があったりしますが、これもやっぱり念を押《お》すことを表しています。

呼《よ》び掛《か》け、感動や念を押《お》したりするのには、もうひとつ「ね」というものもあります。しかし「よ」に比べて、「ね」はネチっこさのようなものを感じます。「よ」の方がサラリとしていますね。

「よらよら」「よぼよぼ」

「慌《あわただ》しく汽笛が鳴って、ガタリと汽車が動き出すと、智恵子《ちえこ》はヨラヨラと足場を失って、思わず吉野《よしの》に凭掛《よりか》かった」（『鳥影《とりかげ》』）と石川啄木《いしかわたくぼく》は書いています。

足元があぶなくなって左右にもたつく言葉に「よらよら」「よろよろ」「よたよた」などがありますが、「よ」というのは、人に呼《よ》び掛《か》けたり、念を押《お》したりするのと同じように、力をちょっと横の方に与《あた》えて、自分を支えるという語感があるのではないかと思います。

本来なら行かなくてもいい、確かめたりすることもないのかもしれませんが、酒のせいで、あるいは急な汽車の動きなどで、思わず横に動いてしまう。「よろっ」というのももちろん同じですし、赤ちゃんの歩き方で「よちよち」と表現されるものも同じでしょう。

さらに言えば、お年を召《め》した方の「よぼよぼ」も同じで、力が衰《おとろ》えて、ついつい自分が思ったのとは違《ちが》う動きになってしまうということで、自分を支えるという意味の「よ」と無関係ではないのではないかと思うのです。

声に出して言ってみよう

よじよじ

「まくわふ（う）り　壱《ひと》つよじよじ持て来《きた》る」（『川柳評万句合《せんりゅうひょうまんくあわせ》』一七七二年）。

これは小さな子どもが、真桑瓜《まくわうり》をひとつ両手に抱《かか》えて持って来るというかわいい情景を写したものです。たよりなさというより、足で左右に揺《ゆ》れながらも自分の平衡《へいこう》を保って、それを人に無言で支えてもらっていることがよく分かるのではないでしょうか。

よっちらよっちら

「婆《ばあ》さんはそれをよっちらよっちらと両手で持って上《あが》り口に踞《しゃが》む」（高浜虚子《たかはまきょし》『俳諧師《はいかいし》』）。

「よっちらよっちら」は、子どもの歩き方をいう「よちよち」から派生したものですが「ら」がつくことで、さらに横に動く大きさが大きいことを感じますね。

よれよれ

「机の引き出しからよれよれになった葉書を出してきた」（野間宏《のまひろし》『真空地帯』）。

「古くなって張りがなくなり、しわになっている」ことを表す「よれよれ」ですが、「よぼよぼ」と同じように、紙の形や郵便番号などが記してあって、辛《かろ》うじて葉書であることを支えている部分があることを、この場合は表しています。

39

ら～ろ

【ra】【ri】【ru】【re】【ro】

「ラリルレロ」は日本語にない！

跳《は》ねるような明るく楽しい語感がある「らりるれろ」

明るく楽しいらりるれろ

「ラッタッタ」という女優ソフィア・ローレンのキャッチフレーズで売られていたホンダの小さなバイクがありました。一九七六年に発表され、女性でも簡単に乗れる五〇ccバイクというのでとても好評だったと伝えられています。

オートバイと言えば「ブンブン」あるいは「ダダダダ」という地響《じひび》きのような音を立てる男の乗り物、そういったイメージを一気に覆《くつがえ》したのが、ラッタッタで覚えられた「ホンダ・ロードパル」だったのです。

「ラッタッタ」の「ラ」に限らず、「ラ行」の音は、本来、日本語にはないものでした。

でもどれも流れるような感じ、跳《は》ねるような印象を受ける言葉ですね。

らりるれろ

北原白秋《きたはらはくしゅう》の「あめふり」の歌はどうでしょう。

あめあめ　ふれふれ　かあさんが
じゃのめで　おむかえ　うれしいな
ぴっちぴっち　ちゃっぷちゃっぷ
らんらんらん

「しとしと」降る雨は哀《かな》しく暗い感じがしますが、「ランランラン」と飛《と》び跳《は》ねるように歩いて行く雨はとっても楽しい明るい感じがします。

「ラ」の音は、光にあふれるような音を持っているのではないかと思います。ただ、残念なことに、「ら」で始まる擬音《ぎおん》語、擬態《ぎたい》語は「ラッタッタ」と「ランラン」くらいしかありません。

するどい「り」

夏の朝など「りーん」と澄《す》んだ風鈴《ふうりん》の音、涼《すず》しさを感じますね。

これに対して、アブラゼミが「ギギギギギギ」、クマゼミが「ワシャワシャワシャワシャ」という騒《さわ》がしく鳴くことのなんと暑苦しいことか。「りーん」という音を聞いて涼《すず》しいと思うのは、日本人ばかりではありません。「りーん」という鈴《すず》の音には空気を緊張《きんちょう》させて、高い音を遠くへ伝達するような感覚があるのだと思います。

現代語にはありませんが、鎌倉《かまくら》時代の『名語記《みょうごき》』には、茶碗《ちゃわん》などの陶磁器《とうじき》などが割れる音を「りゅー」と擬音《ぎおん》していたと記されています。今なら「ガチャーン」というところでしょうが、それではただ騒《さわ》がしいだけです。「りゅー」というと、固く焼き締《し》められた陶磁器《とうじき》が割れて弾《はじ》けるような感じがしたのかもしれません。そうであれば、今の言葉なら「パキン」という擬音《ぎおん》語に当たるのかもしれません。

「り」で始まる言葉も、和語にはほとんどありません。〈ひらがな〉〈カタカナ〉の「り」「リ」は、いずれも「利」という漢字から作られました。これは「鋭《するど》い」ということを意味する漢字です。緊張《きんちょう》した音を表す、ぴったりの漢字だろうと思います。

「るんるん」は一九八〇年代から流行《はや》った言葉

「るんるん」という言葉が使われたのは、一九八一年に書かれた中島梓《なかじまあずさ》の『にんげん

らりるれろ

動物園』でした。「**なに食べようルンルンルン、と鼻唄《はなうた》まじりに楽しく手をつなぎなどして……**」と書かれています。「気分が浮《う》ついたときに出る鼻唄《はなうた》」ですね。

「る」で始まる擬音《ぎおん》語・擬態《ぎたい》語は、この他には電話の呼び出し音である「るるるる」があるだけです。

〈ひらがな〉の「る」は「留」の草書体から、〈カタカナ〉の「ル」は「流」の最後の二画から作られました。

ろれつがまわらない

「**廻《まわ》らない舌をレロレロとさして喜んでくれた**」（徳川夢声《とくがわむせい》『夢声半代記《むせいはんだいき》』）とあるように、酒を飲んだりしたときなどでも、舌がうまく回らずに言葉を発することを「れろれろ」と言ったりします。

ほかには、子どもをあやすときに舌で上顎《うわあご》を弾《はじ》いて出す音を「レロレロ」と言ったりします。

これは言語学ではクリック音と呼ばれるもので、アフリカの原住民の言語などに見られます。

〈ひらがな〉の「れ」、〈カタカナ〉の「レ」は、いずれも「礼」という漢字から作られました。「礼」は「禮《れい》」の異体字で、神様に供える神器に多くの供物《くもつ》が入っていることを表します。

「ろりろり」してうろたえる

室町《むろまち》時代から江戸《えど》時代頃《ごろ》にあった言葉で、今では使われなくなったものに「ろりろり」という擬態《ぎたい》語があります。

『日葡辞書《にっぽじしょ》』には「不安のあまり落ち着かずうろたえるさま」を「ろりろり」と記されています。

ただ古語で残っているだけではなく、高知県では、「**女房《にょうぼう》の初産《ういざん》で、婿《むこ》はろりろりしよる**」とか「**急いで出かけにゃいかんに、なんぼ待っても来んきに、ろいろいしよる**」という言い方でも使うようです。

「ろれつがまわらない」ことを「レロレロ」と言うと記しましたが、「レロレロ」の代わりに「ろれろれ」という言葉も使われました。「**歯が抜けて文句ろれろれわからぬに長《ぬ》う語って**」と『浄瑠璃稽古穴捜伊呂波歌《じょうるりけいこあなさがしいろはうた》』に見えています。

〈ひらがな〉の「ろ」、〈カタカナ〉の「ロ」は、いずれも「呂《ろ》」という漢字から作られました。これは人の背骨を描《えが》いたもので「つながっていること」を表します。

らりるれろ

ところで、日本語の「らりるれろ」は、ヘボン式でも訓令式のローマ字でも「r」を使って書かれます。でも、はたしてこれは本当に正しいことなのでしょうか。

「r」で表記される中国語の発音は、巻舌音と呼ばれるものです。これは舌を巻いて口蓋《こうがい》に付けて発音されるものです。

またフランス語の「r」は、喉《のど》の奥《おく》から出されるもので、日本語の「h」の発音にも似ています。

フランス人に言わせると、日本語の「らりるれろ」は「la li lu le lo」と書かれるべきものだと言うのです。なぜなら、日本語の「ラ行」は、舌を使って発音されていて、決して喉《のど》を使う音ではないからです。

フランス語には「r」と「l」の発音の区別ができないと意味が通じないというおもしろい言葉遊びがあります。

Riz　long　長いお米　riz は米　long は長い

Lit rong　丸いベッド　lit はベッド　rong は丸い

日本人で、フランス語の「r」の発音ができないと嘆《なげ》く人は少なくありません。

彼《かれ》らは、これら二つの言葉を「lit long（長いベッド）」と言っているように聞かれてしまうのです。

40

わ

【 wa 】

うぁー！　わくわく

「わくわく」して「わーわー」さわぐ
「わきあがるたのしみ」の語感

みんなで「和《わ》」

わくわくすることしてますか？

やりたいことがいっぱいあって、一日二十四時間フル回転しても時間が足りない。やればやるほどわくわくすることが出てくる！

そんなふうに一日一日を、そして一生を過ごすことができるといいですよね。

「わ」という〈ひらがな〉は「和」から作られました。〈カタカナ〉の「ワ」は「和」の「口」から作られたと言われたり、「○」から作られたと言われます。

「和」は人が「和《なご》むこと」、「すべての人が調和すること」を意味します。

さて、中国の伝説では、古代のユートピアは「大同《だいどう》」の世界だったと言われます。

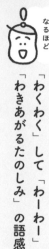

わ　を　ん

これは『尚書《しょうしょ》』に書かれている堯《ぎょう》、舜《しゅん》、禹《う》の時代のことなのですが、帝位《ていい》は、臣下の中から人々をまとめてユートピアを実現できる人が選ばれて、禅譲《ぜんじょう》（誰《だれ》もがその人への譲位《じょうい》を賛成する）されました。

「大同《だいどう》」の「同」は「心を同じくして、調和する」という意味で、「和」と同じだと言われます。

すべての人が、自分がやりたいことを一生やっていけるとしたら、どんなにかいいことでしょう。そしてそれが社会全体のためになって、社会に調和がもたらされるとしたら、これほど素晴《すば》らしいことはありません。

「大同《だいどう》」の世界とは、まさにこれができた時代だったと言われるのです。

じつは、この「大同《だいどう》」を別の言い方で言ったのが、「大和《やまと》」なのです。我《わ》が国でも、かつて古代において「大同《だいどう》」が行われようとしたのかもしれません。

わんにりくちびる

「わっさわっさ」「わっしょいわっしょい」という祭のときなどに掛《か》けられる掛《か》け声《ごえ》があります。

これは、みんなで力を合わせて重い御神輿《おみこし》を担《かつ》いだりするときに出されるものですが、一緒《いっしょ》にするのは「力」だけではなく「心」も同じです。大勢でなにか事業をやるときには、いつでも掛《か》け声《ごえ》が必要になってきます。それには「和」ということが意識されなくてはなりません。

「わっさわっさ」「わっしょいわっしょい」には、「和」という漢字の意味、そして「ワ」という語感の持つ「○」の感覚があるのかもしれません。

ほとんど使われない擬態《ぎたい》語ですが「わんにり」というものがあります。これは円味を帯びて膨《ふく》らんださまをいう言葉です。

「赧濁《あかにご》りのした剣相《けんそう》な目、わんにりした肉厚の脣《くちびる》などが、亡霊《ぼうれい》のように執念《しゅうねん》づよく心に絡《まつ》わりついていた」（『足袋《たび》の底』）と徳田秋声《とくだしゅうせい》は使います。

「わんにり」からは、柔《やわ》らかさやふっくらとした感覚も感じられます。

声に出して言ってみよう

わやわや

「柳《やなぎ》屋のお清も駈《か》けて来たが、唯《ただ》わやわや云《い》うばかりで手の着様《つけよう》がない」（岡本綺堂《おかもときどう》

わをん

『飛騨《ひだ》の怪談《かいだん》』)。

「わやわや」は、「多くの人が何をいっているのか聞き取れない騒《さわ》がしい声」を言います。たくさんの人が集まっているという「わんさか」に共通する語感であると言えるでしょう。

わらわら

「**近所の人たちが、この騒《さわ》ぎを聞きつけてわらわらと外へ出てきたのだ**」(小川勝己《おがわかつみ》『葬列《そうれつ》』)。「わらわら」にはいくつかの意味があります。「乱れたさま」「陽気なさま」「たやすく物が燃え上がるさま」「統制がとれていないさま」です。

このうち「たやすく物が燃え上がる」という意味で使われることを除いては、すべて、個人のことではなく、人々が複数いることを表します。この例文でも、ひとつの「騒《さわ》ぎ」に同調して出てきた複数の人々の「和」ということもできるのではないでしょうか。

わんさか

「**正面に提灯《ちょうちん》をわんさかと吊《つ》り下げ、屋根に長大な長刀《なぎなた》を立てた山鉾《やまぼこ》が、発光クラゲのようにぼんやり光りながら、都大路を行き交う人々を見下ろしていた**」(万城目《まきめ》 学《まなぶ》『鴨川《かもがわ》ホルモー』)。

「わんさか」は人が大勢押《お》しかけたり、物があり余るほどあることを言います。

調和があるなしに関係なく、たくさんのものが集まっていることをいうのも「わ」という音の語感のひとつでしょう。

41

ん

【n】

新橋は「Shimbashi」

「ん」の発音は、「N」であり「M」であり「ng」

「ん」は「N」？「M」？

「ん」という〈ひらがな〉は「无《む》」から作られたものだと言われています。「无《む》」は「無」の異体字（別体字）です。だとすれば「ん」という喉《のど》の奥《おく》で息を止めて発音する「N」ではなく「む（M）」ではないかと仰《おっしゃ》る方もいらっしゃるのではないでしょうか。

これは〈カタカナ〉についても言えることで、「ム」は「牟《む》」の最初の二画を取って作られたものです。

さて、「む」の項目でも挙げましたが、東京、山手線新橋駅の駅名は「しんばし」と書きながら、ローマ字では「Shimbashi」と書いてあります。

ここにも「ん」と「M」の混在が見えます。

もうひとつ挙げておきましょう。

「経《けい》」という漢字は、七世紀から八世紀頃《ごろ》の唐《とう》代には「keng」と発音されていました。語末が鼻音として抜《ぬ》けて行く発音で、英語の「going」のような感じです。ですが、当時の日本にはこの「ng」を書くための文字がありませんでした（現在もありません）。

ということで、「経」の音読みは「ケイ」と書かれたのです。

「ng」が「イ」と書かれてしまったものには「青」や「正」「聖」「明」なども含《ふく》まれます。これは、たまたま記号として「イ」と書いたものが、〈カタカナ〉の「イ」と混同されて、「ケイ」「セイ」「メイ」などという音で定着したと考えられます。

しかし、いずれにせよ、我《わ》が国の古代には「N」と「M」が区別されず、また「ng」を書こうとしても書けない状況《じょうきょう》にあったのです。

それでは、いつから「N」と「M」「ng」の音の響《ひび》きの違《ちが》いをきちんと区別するように書けるようになったのでしょうか。

それは、明治時代になってから、国語教育で五十音図が使われ、ローマ字の教育が始まってからです。標準語、外国語の習得が全国規模で行われるようになると、曖昧《あいまい》な発音は許されなくなります。それと同時に、「新橋」は「Shinbashi」ではなく「Shimbashi」であるという発音表記の徹底《てってい》も行われるようになったのです。

column 04

好感が持てる人を表現する語感

どんなふうに褒《ほ》められると、みなさんは嬉《うれ》しく感じますか？　あるいは反対に、どんな人だと言われると心に痛みを感じますか？

心理学を専攻《せんこう》している学生からの依頼《いらい》で、私が担当している授業の受講者三〇〇人を対象にこのような質問をするアンケートを採ったことがありました。

言われると一番嬉《うれ》しい、あるいはどんな人になりたいかという答えについては「**明るい**」「明るい人になりたい」というのが圧倒《あっとう》的な結果でした。

反対に、こんなふうには言われたくない、思われたくない、なりたくないという性格については「**根暗**《ねくら》」「**無責任**」「**ぐず**」「**自己中心**」「**ばか**」「**凶暴**《きょうぼう》」などがありました。

「ね」という音は「あ」の反対で深く暗いところにあることを連想させます。「寝《ね》る」という言葉も、動かずにじっとその場所に根をはっているように意識がこもっていることを表しています。また、「ぐず」「ばか」など、濁音《だくおん》ではじまる言葉を人は嫌がります。「がんばる」も語源は「我《が》を張《は》る」です。我《が》を張《は》りすぎることは、「公徳《こうとく》」を大切にしていた時代は嫌われることだったのです。

さて、「明るい」ということは人の性格だけでなく、住居を選んだりするときにも必ずプラ

スの価値を与《あた》えます。

「明るい環境《かんきょう》」「明るい立地」などと書かれていれば、そこが「夜の町」ではないこと、また太陽が燦々《さんさん》と当たるところ、空気が澄《す》んでいることなどをすぐにイメージします。

ところで、「明るい」は、男女に限らず第一位の、好感が持てる人の性格を表す言葉だったのですが、第二位は男女で分かれています。

女子が、「明るい」の次に言われたい、あるいはそうなりたいとして答えたのは「**かわいい**」です。

それでは、男子は？

「**かっこいい**」だったのです。

私は、心理的な問題としてこれらの答えを分《ぶん》析《せき》するつもりはありませんが、語感として考えると、どちらも「か」で始まる言葉を選んだことを、とても興味深く感じたのでした。

「か」には「強い」「固い」というイメージを与《あた》える言葉が多いと本文で書きましたが、「かっこいい」というのはそのような印象を与《あた》えるものだと分かります。

ですが「かわいい」にも、じつは共通するところがあるのではないでしょうか。

漢字で「可愛い」と書けば「愛するに相応《ふさわ》しい」となり、つまり「可」は「〜に相当する」という意味で使われます。必ずしも「可」は「〜すべき」という意味ではありませんが、ですが、日本語でいう「かわいい」は、愛すべき「点」や「核《かく》」となる部分があるということを表しているのではないかと思うのです。

42

が〜ご

【 ga 】【 gi 】【 gu 】【 ge 】【 go 】

がぎ、がぎうるさい音

日本語に濁音《だくおん》はいらなかった⁉ ちょっと「下品」で「強い」語感の「がぎぐげご」

濁音《だくおん》はうるさい、きたない音？

「ががががが」とブルドーザーのような機械が大きな破壊音《はかいおん》を出してやってくる！

軋《きし》んだ大きな音、「ぎぎぎぎぎ」という音を立ててクレーンのクレーンが立ち上がる。

重い土を、ブルドーザーのブレードが「ぐぐぐぐ」と押《お》して行く。

「げげげげげ！」水と一緒《いっしょ》になった「げろげろ」の土がげろげろになって押《お》し寄《よ》せてくる。

「ごごごごごご」と地響《じひび》きが聞こえて来る。

こんな例を出して見ると、「がぎぐげご」という音は、ひとことで言って「うるさい」ものだと感じます。

カエルの鳴き声でも「ケロケロ」なら小さなアマガエルが鳴いているようでかわいい感じを受け

がぎぐげご

ます。でも「ゲロゲロ」ではどうでしょう。ガマガエルの声になりますね。

清音か濁音《だくおん》かによって、こんなに印象が違《ちが》ってしまいます。

てんてん「〝」いらない！

そうであるならば、なぜ日本人は、濁音《だくおん》の仮名を作らなかったのでしょうか。

万葉仮名では、清音の「か」は「加」、濁音《だくおん》の「が」は「賀」というように区別しているのに、八〇〇年頃《ごろ》、〈カタカナ〉を作った人たちは「賀」から濁音《だくおん》の「ガ」を表す文字を作ろうとはしなかったのです。そしてそれは九〇〇年頃《ごろ》の〈ひらがな〉を作った人たちも同じです。平安時代前期の人たちの「濁音《だくおん》」を嫌《きら》った意識について考えることは、日本語の源泉を探ることだと思います。

その理由のひとつは「穢《けが》れ」や「下品さ」のようなものを、日本語の中に入れないようにしたということでしょう。

それは、和歌の文化が発達することとも無関係ではありません。本居宣長《もとおりのりなが》がすでに指摘《してき》しているように、和語には濁音《だくおん》で始まる語彙《ごい》はひとつもないのです。であれば、唐《とう》王朝が崩壊《ほうかい》に向かう八〇〇年から九〇〇年に掛《か》けて、漢学から一気に和学に向かう平安時代前期に、彼《かれ》らが徹底《てってい》的に和語の文化を研鑽《けんさん》しようとしたのだとも考えられるのではないでしょうか。

当時の日本は、母系社会でした。女性が文化の中心にあって、和歌はまさに女性の文化だったのです。

濁音《だくおん》が多くて勇ましく、強い漢詩、漢文ではなく、優《やさ》しくしなやかな和歌には濁音《だくおん》は不必要だったと言っても過言ではないのではないでしょうか。

濁音《だくおん》が必要であれば、「゛」を付ければいいのです。

ただ、平安時代には「濁点《だくてん》」という意識さえもありませんでした。濁音《だくおん》も、ほとんどが鼻濁音《びだくおん》程度のもので、軽く濁《にご》る程度のものだったのです。

声に出して言ってみよう

がっぽり

「おまえたちは土浦《つちうら》で略奪行為《りゃくだつこうい》をはたらいてカネをがっぽり稼《かせ》いだはずだ」（打海文三《うちうみぶんぞう》『裸者と裸者（上）孤児部隊《こじぶたい》の世界永久戦争』）。

「がっぽり」とは、一度にたくさん手に入ったり、なくなったりすることを言う言葉ですが、賭《か》け事《ごと》、盗《ぬす》み、詐欺《さぎ》、税金など、

がぎぐげご

あまりいい感じがするものには使われないのではないでしょうか。

がぶがぶ

「めんどくさくなったあたしは、痛みを忘れるため日本酒をがぶがぶ飲んだ」（内田《うちだ》春菊《しゅんぎく》『あたしが海に還《かえ》るまで』）。

日本酒は、ふつうならお猪口《ちょこ》などでちびちび飲むものでしょう。「がぶがぶ」と飲まれる日本酒は、コップに注がれたものでしょうか、それとも一升瓶《しょうびん》のラッパ飲みでしょうか。

「がぶがぶ」飲む日本酒というのは、飲み方、注がれる容器などをも想像させてしまいます。

がりがり

「彼《かれ》は二本目の煙草《たばこ》を吸いつけて、口を歪《ゆが》め、頭をがりがりとかいた」（小松左京《こまつさきょう》『アメリカの壁《かべ》』）。

これがもし「かりかり」と書いてあったら、「彼《かれ》」は恥《は》ずかしがって頭を掻《か》いている感じがするのではないでしょうか。「がりがり」は、爪《つめ》を立てて力が入っていることを表しますね。

ぎくん

「佐七《さしち》はいったん天神の境内《けいだい》へはいっていったが、そこで、ふいにぎくんとして立ちどまったのである」（横溝正史《よこみぞせいし》『人形佐七捕物帳《にんぎょうさしちとりものちょう》（十一）』）。

同じような言い方で「ぎくっとした」と

いう言い方もあります。一瞬《いっしゅん》、驚《おどろ》き、恐《きょう》怖《ふ》を感じることを表す言葉ですが、「ぎ」というのは心の平静さを破ってグッと驚《おどろ》きや恐怖《きょうふ》が胸に刺《さ》さる語感がありますね。

ぎっしり

「**中からは、こまかい字をぎっしりと書いた三十枚ほどの紙がでてきました**」（竹山道《たけやまみち》雄《お》『ビルマの竪琴《たてごと》』）。

「ぎゅーぎゅー」という言い方とも通じるところがあるこの擬態《ぎたい》語は、強い力で押《お》し込《こ》んだように隙間《すきま》がなく、いっぱいに詰《つ》まっていることを表します。「ぎ」という音には、外側から中に向かって力が入っていることを表す感じをうまく出す語感があります。

ぎゃふん

「**一流弁護士をごまんと傭《やと》いあげ、やれ提《てい》訴《そ》だ、それ強制執行《しっこう》だ、やれなんだと、こっちをぎゃふんと言わせるのはお手のもんときていやがる**」（ヴァン・ダイン、坂下昇《さかしたのぼる》訳『グリーン家殺人事件（下）』）。

「ぎゃふん」は、江戸《えど》時代には「ぎょふん」と言われていました。「ぎょ！」という驚《おどろ》きと「ふん（ふむ）」という承諾《しょうだく》を意味する言葉が結びついてできた言葉です。

「ぎょ！」という言葉は、「ぎくん」と同じく、心の平安、静寂《せいじゃく》が、急に破られるからこそ発せられる言葉です。

ぐずぐず

「**こんな事を言ってぐずぐずしている中に**

がぎぐげご

時間がたってしまうじゃないか」(永井荷風《ながいかふう》『つゆのあとさき』)。

「ぐずぐず」にはいくつかの意味があります。物の言い方や動作が曖昧《あいまい》であること、不平などをあれこれ呟《つぶや》くさま、食物などが煮《に》える様子です。

この例文での荷風の使い方は、一番初めのものに相当するでしょう。「愚図愚図《ぐずぐず》」という当て字がありますが、まさに「愚《ぐ》」で、「無用」を表す言葉であれば「ぐたぐた」とも通じるところがありますね。

ぐたぐた

「その後を又《また》強い日で照り付けられるのですから、身体《からだ》が倦怠《だる》くてぐたぐたになりました」(夏目漱石《なつめそうせき》『こころ』)。

「くたくた」と「ぐたぐた」では、聞いたときにどんな違《ちが》いを感じますか?「ぐだぐだ」は室町《むろまち》時代までは「無用なもの」を表す言葉でした。いまでも「ぐだぐだしやがって!」と言ったりしますが、「何もやくに立たないことをいつまでも続けている」という状態を罵《ののし》っていう言葉ですね。

「くたくた」は疲《つか》れていてもまだなんとかなりそうですが、「ぐだぐだ」だともう疲《つか》れ果《は》てて一歩も歩けない、つまり「無用」の状態になっていることを表しているのではないでしょうか。

げじげじ

「当時の陸軍では非職のことを『げじげじ』という俗称《ぞくしょう》が行なわれていた。『非』の字の形がげじげじの形態と似通っているためである」(寺田寅彦《てらだとらひこ》『蒸発皿《じょうはつざら》』)。

毛がいっぱい生えたいも虫を「げじげじ」と言います。また泉鏡花《いずみきょうか》は「**げじげじ**のような眉《まゆ》」（『式部小路《しきぶこうじ》』）などとも使っています。「毛」であれば「けじけじ」と言ってもよさそうですが、「げ」という濁《だく》音《おん》を使うことで、それがあまり美しくないもの、バサバサな状態で整っていないことが表されているのではないかと感じられます。

げほげほ

「**俺《おれ》の質問に、会長は思いっきり茶を吐《は》き出《だ》して、げほげほと咽《むせ》ていた**」（葵《あおい》せきな『生徒会の一存　碧陽《へきよう》学園生徒会議事録1』）。

「げほげほ」は、例文にも見えるように咽《む》せたり、咳《せ》き込《こ》んだりすることを表す擬態《ぎたい》語ですが、もとはそうした音を模したものでしょう。

「げ」は「げっぷ」などという言葉でも使われますが、口から下品な音をだらしなく出す感じがあります。

ごくごく

「**おれはひしゃくに口をつけ、今度は息もつかずにごくごくと飲んだ**」（中島《なかじま》らも『今夜、すべてのバーで』）。

「ごっくんごっくん」とも似た使い方ができる「ごくごく」ですが、水などの液体が、喉《のど》を通るときに、喉仏《のどぼとけ》が動いている様子などもうかがえます。野性味、また豪快《ごうかい》さなども感じられます。

ごちゃごちゃ

「**ある時は海の中が銭湯の様に黒い頭でごちゃごちゃしている事もあった**」（夏目漱石《なつめそうせき》

がぎぐげご

『こころ』）。

「ごちゃごちゃ」はものの状態、話の筋などが乱れていたり、雑然と多様なものが集まっていることを表す擬態語《ぎたい》です。

「こ」は「細かいもの」を表す語感がありますが、「ご」は小さくて雑多なものがたくさんあることをうまく表す語感があるのではないでしょうか。

ごってり

「こってりとした料理」と「ごってりとした料理」、どちらが食べたいですか？　というのは愚問《ぐもん》かもしれません。「ごってり」としたものなど食べたいという人はいませんよね。どうしてでしょうか。「ごってり」は、しつこい味がしたり、あまりにも量が多すぎるような印象を受けます。「こてこと」と「ごてごて」、「ことこと」と「ごとごと」など、清音と濁音《だくおん》の対比は、日本人の語感にとってはとても敏感《びんかん》なものなのでしょう。

ごろごろ

「**常識的なことも知らないような大学出がごろごろしているじゃないですか**」（結城《ゆうき》昌治《しょうじ》『死者と栄光への挽歌《ばんか》』）。

「ころころ」だと、小さな石などがかわいくころがっているような感じがしますが、「ごろごろ」だとイモなど形のよくないものが雑然と置かれているような感じを受けます。そういう意味では「ごちゃごちゃ」とも通じる語感がありますね。

43

ざ〜ぞ

【 za 】【 ji 】【 zu 】【 ze 】【 zo 】

くりかえす ざぶざぶ、ずるずる

「ざぶざぶざぶーん」何かが振動《しんどう》しているような語感の「ざじずぜぞ」

「さしすせそ」と「ざじずぜぞ」

「さしすせそ」と「ざじずぜぞ」の語感の違《ちが》い、どのように感じますか？

すでに記しましたが、「さしすせそ」は古代日本語では「ツァツィツゥツェツォ」と発音されていました。ということは、「ざじずぜぞ」も「ヅァヅィヅゥヅェヅォ」と発音されていたのです。

さて、こちらの語感の違《ちが》いもいかがでしょうか？

「さしすせそ」は、とても爽《さわ》やかな感じがしますね。それに対して「ざじずぜぞ」は、小さな虫が羽を震《ふる》わせたりするように、なにかが振動《しんどう》しているような感じがします。

また、波の音を「ざぶーん」と表現したりしますが、これも一度だけではなく、繰《く》り返《かえ》し何度も波が打ち寄せることを感じます。「震《ふる》える」「振動《しんどう》」とは違《ちが》いますが、「繰《く》り返《かえ》す」という点においては共通しているところがあると言ってもいいのではないでしょうか。

中までじっとり

ところで、人に、静かにして欲《ほ》しいとき、唇《くちびる》に人差し指を立てて「しー」と言ったりします。これは「しずか」の「し」だと思うのですが、なんとフランス語などでも同じように「しー」という音を立てて、お喋《しゃべ》りを止《や》めることを強《し》いたりします。私がこの「しー」に驚《おどろ》いたのは南仏のルルドに行ったときのことでした。静寂《せいじゃく》を強制するために、うるさいくらい「シー」という放送が拡声器から流れていたのです。

この「しー」に対して「じー」はどうでしょうか。

「しー」がお喋《しゃべ》りに対するものだとすれば「じーっとしていなさい」という言い方は、行動全体に対するものになってしまいます。

「しっとりしている」と「じっとりしている」というのはどうでしょう。

「しっとり」が表面的であるのに対して、「じっとり」は中まで染《し》み込《こ》んでいる感じがします。

濁点《だくてん》の有無によって、こんなにも繊細《せんさい》な違《ちが》いが生まれて来るのです。

「つぃっとり」と「づぃっとり」に戻《もど》して考えると、さらに明確な違《ちが》いが見えるかもしれません。「つぃっとり」は、「つゆ」などの連想からも「つるつる」した表面を思《おも》い浮《う》かべます。ところが「づぃっとり」は、「袋《ふくろ》づ（詰）め」などのように、中にぐっと入っているような印象を受けるのです。

「そーっとしておいてあげなさい」という言葉って、とても美しい感じがしますね。

でも、もしもこれを「ぞーっとしておいてあげなさい」と言ったとしたら、どんな感じを受けるでしょうか。

まるで、「脅《おびや》かしておいてあげなさい」「ぞくっとさせておいてあげなさい」のような感じになって「そーっとしておく」とはまったく違《ちが》った感じがします。

日本語における清音と濁音《だくおん》の違《ちが》いは、外国語にないほどの繊細《せんさい》さを持っているのです。

ところで「ざるそば」、「ざるうどん」など、みなさんお好きですか？

「そば」「うどん」とただ言うのと違《ちが》って「ざる」という言葉がついただけで、何か感じが変わりませんか？

「ざる」は、言うまでもなく竹で編んだ円形の入れ物です。茹《ゆ》でた麺《めん》をこの竹かごに入れ「ざーざー、じゃがじゃが」と冷たい水を掛《か》けて、洗って冷たくする。こうして出されるおいしい「ざる（そば、うどん）」を想像します。これが、もし「さる（そば、うどん）」だと、あまりおいしそうな感じは受けません。それは、また、こうした麺《めん》をいただくときの「ずずー」という食べ方にも関係するのかもしれません。

声に出して言ってみよう

ざくざく

「だから力まかせにざくざくと切ったらニンジンも苦しいと思うのよね」（田口《たぐち》ランディ『ハーモニーの幸せ』）。

「ざくざく」は、粗《あら》く包丁《ほうちょう》などで野菜を切《き》り込んだりするときに使います。江戸《えど》時代には、野菜などを適当に切って煮込《にこ》んだものを「ざくざく汁《じる》」と呼ぶ汁物《しるもの》がありました。

「さくさく」だと細かく、リズミカルな音で、野菜が切られているところを想像できますが、「ざくざく」だと、男の人が大きな出刃包丁《でばぼうちょう》のようなもので、芋《いも》や大根などを不器用に切っている感じがしないわけではありません。例文のように、そんな切り方をされると「ニンジンも苦しい」のではないかと思ってしまいます。

ざわざわ

「**いつもざわざわしている新聞社がそのときだけウソのように静かになる**」（川本三郎《かわもとさぶろう》『ちょっとそこまで』）。

「ざわざわ」は「声や音が騒《さわ》がしく聞こえること」、また「大勢が騒《さわ》いで動く様子」を表します。

「さわさわ」であれば、涼《すず》やかな風が、森の中を通《とお》り抜《ぬ》けていくような爽快《そうかい》感、美しさを感じますが、「ざわざわ」だと、雑然とした不快な感じになってしまいます。

じぶじぶ

現代であれば「じゅーじゅー」というものだと思いますが、江戸《えど》時代初期の『料理物語』（一六四三年刊）には「**じぶとは鴨《かも》のかはをいり、だしたまりかげんして入、じぶじぶといはせ、後身《のち》を入申事也《いれもうすことなり》**」と書かれています。

「じぶ」は、「鴨《かも》の皮を炒《い》り、出汁《だし》にたまり醤油《じょうゆ》を加減して入れ、『じぶじぶ』という音がしてきたら、その後で鴨《かも》の肉を入れるのだ」と記されています。鴨《かも》の皮の脂《あぶら》と、出汁《だし》醤油《しょうゆ》がじゅーじゅーと音を立て、香《こう》ばしい匂《にお》いまでしてくるようですね。これが、「しゅーしゅー」だと、気が抜《ぬ》けたようでおいしさなどなく、ただお湯がわいている感じになってしまいます。

じゃーじゃー

「**ある夏の台所、水道を出しっぱなしでジャージャーと何かを洗っていました**」（赤《あか》瀬川原平《せがわげんぺい》『少年とオブジェ』）。

ざじずぜぞ

「ジャージャー」は、水などが大量に、しかも長い間、勢いよく流れ落ちることをいいます。

志賀直哉《しがなおや》は『暗夜行路《あんやこうろ》』で「旋推機《せんすいき》に押《お》される、しゃあしゃあと云《い》う水音も聴《きこ》えた」と「しゃあしゃあ」と使っています。

「しゃあしゃあ」と「ジャージャー」では、同じ水でもその勢いは「ジャージャー」の方が強く感じます。

もし、これが雨であれば「しゃあしゃあ」には爽《さわ》やかさも感じますが、「じゃーじゃー」だと土砂降《どしゃぶ》りで、雨量も多く、降っている時間も長く感じてしまいます。

ずずなり

「うちの庭に、サクランボがズズなりになったんです」（私が通っていた理髪《りはつ》店主の言葉）。

彼《かれ》が「ズズなり」という言葉を使ったのは、「サクランボ」がなったという話をしたときだけではありませんでした。キュウリもナスも、たくさんなると「ズズなり」という言葉を使っていました。私は、これを聞く度《たび》に不快だなぁと思ったのでした。

その理髪《りはつ》店に行かなくなった理由のひとつは、「ズズなり」という言葉をもうこれ以上聞きたくないという気持ちがあったからです。

「スズなり」は「くだものが神楽鈴《かぐらすず》のように房《ふさ》となって群がってなっていること」を喩《たと》えていったもので「鈴成《すずなり》」「鈴生《すずなり》」です。

ですが、この「すず（鈴）」の「す」を濁《だく》音《おん》にして「ずず」とは何でしょう。成っているサクランボやキュウリ、ナスが下品なものに思えて仕方なくなったのです。

ずるずる

「本宮は、湯呑み茶碗《ちゃわん》の出がらしのお茶をずるずると音を立てて飲みながら言った」

（秋元康《あきもとやすし》『着信アリ』）。

ヨーロッパの人は、日本人のように麺《めん》やお茶を「ずるずる」と啜《すす》ることができません。よく知られるように「ずるずる」と音を立てて飲食物を口にすると、とても嫌《いや》な顔をします。

「ずるずる」を使った言葉に「ずるずるべったり」というものがありますが、これは「ずるずる」とどこまで続くか分からないくらいに長く、「べとべと」と離《はな》れることなくくっついている状態をいいます。あまり感じのいいものではありませんね。

ぜーぜー

「ビッタンビッタンとベッドの上で跳《は》ね続けて、ぜーぜーと息の乱れが酷《ひど》くなって起きあがれなくなってから、ぽつりと独り言を零《こぼ》す」（入間人間《いるまひとま》『電波女と青春男　4』）。

「ぜ」で始まる擬音《ぎおん》語、擬態《ぎたい》語は「ぜーぜー」しかありません。喉《のど》の奥《おく》から出る息切れに近い音を擬音《ぎおん》化して表したものです。

同じことを表す言葉に「せーせー」もあります。三遊亭圓朝《さんゆうていえんちょう》『真景累ケ淵《しんけいかさねがふち》』には「誠《まこと》しやかにせえせえ息を切っていいますから」と使ってあります。

「ぜーぜー」の方が、「せーせー」より激しい息切れの感じを受けますね。

ざじずぜぞ

ぞきり

「**揉《も》み上《あ》げを米噛《こめか》みのあたりからぞきりと切り落す**」（夏目漱石《なつめそうせき》『琴《こと》のそら音』）。

「ぞきり」は、今では「じょきり」という言葉で使われるものです。しかし「ぞきり」という擬音《ぎおん》語は、鋏《はさみ》や剃刀《かみそり》などの刃《は》が「じょきり」よりさらに鋭利《えいり》であるような感じを受けませんか。

同じ「ぞきり」ですが、漱石《そうせき》は『草枕《くさまくら》』では違《ちが》う意味で使っています。「**揉《も》み上《あげ》の所ではぞきりと動脈《どうみゃく》が鳴った**」と書かれていますが、これは急激に動悸《どうき》などが激しく打つ音で、今なら「どきり」と書かれるものでしょう。

「ぞきり」というと、心臓の血管が切られてしまったような感じがするのですが、いかがでしょうか。

ぞっこん

「**何と思われてもいいけれど、あの日あなたがお店に入ってこられた時から、私はぞっこんなのですよ**」（林真理子《はやしまりこ》『本朝金瓶梅《ほんちょうきんぺいばい》』）。

「ぞっこん」は「心底」「心から」「まったく」と同じように使われます。この言葉は古くは「そっこん」と言われていたのが、江戸《えど》時代も中頃《なかごろ》以降に「ぞっこん」と濁《にご》って発音されるようになりました。

「ぞっこん」と言った方が「そっこん」より、心の深さを感じます。

それはたとえば、「心がぞくぞくする」などと言えば心の騒《さわ》ぎ方が激しいことを表したりすることとも無関係ではないのかもしれません。

44

だ～ど

【 da 】【 ji 】【 zu 】【 de 】【 do 】

だんだんどんどんいたくなる

心臓ドクドク、傷はづきんづきん
リズムを刻む語感の「だぢづでど」

奥深《おくふか》い所までダダダダダダ

ドラムの音を聞いて「タタタタタタ」と表現するか、濁点《だくてん》をつけて「ダダダダダダ」と表現するかによって、ずいぶん、音の違《ちが》いを感じます。

みなさんはどのような違《ちが》いを感じますか？「タ」の方が「ダ」より、軽く、高い感じがするのではないでしょうか。

これは道路工事の現場の音にも当てはまります。「ダダダダダダ」は、「タタタタタタ」に比べて地面の深いところまで重機が掘《ほ》り下《さ》げている感じを受けます。

ところで、「たちつてと」でも触《ふ》れたように、「だぢづでど」は、古代の日本語では「ディァ、ディィ、ディゥ、ディェ、ディォ」と発音されていました。

だぢづでど

「だぢづでど」に比べてべとつく感じがします。

「づ」と「ディゥ」という音の違《ちが》いを、皆《みな》さんはどんなふうに表現されますか？

たとえば、「づきんづきん」という歯の痛みは、歯の奥《おく》の神経に針を刺《さ》すようなものを感じます。

これを「ディゥキン、ディゥキン」と表現するとどうでしょう。

「ディゥ」という音は、現代の我々にとってみるとまるでヨーロッパ語のように聞こえます。フランス語で、「ディゥ（Dieu）」というと、「神様」の意味になります。

水がディォバ、ディォバ！

さて、「ディゥキン」という痛みはどうでしょう。「づきん」が一点に集中して痛みを言うのに対して、「ディゥキン」の方は、初めから一点に行くのではなく、比較的《ひかくてき》広いところから絞《しぼ》るように一点に向かうような感じがします。

今となっては「づ」と「ず」は同じ音になってしまい区別がつかなくなりましたが、古い時代には「づ」と「ず」、そして「づ」と「ディゥ」のような細かい音の違《ちが》いで、日本人は言葉の感覚を養っていたのではないかと思います。

それでは、「どばどば」と「ディォバ、ディォバ」はどうでしょうか。

「ドバドバ」は、排水溝《はいすいこう》から一気に水が噴《ふ》き出《だ》すような場面をすぐにイメージさせるのではないでしょうか。出てくるその光景そのものです。

これに対して「ディォバ、ディォバ」は、その場面もそうですが、水が奥《おく》の方から湧《わ》き出してくる音を、さらに活《い》き活《い》きと映し出すように感じます。

生々しさという点からすれば「ドバドバ」より「ディォバ、ディォバ」の方が表現力として強いと思われます。

古代の日本語は、あるいは自然の音を、今よりさらに再現する能力に長《た》けていたのかもしれません。

「だ」という断定を表す助動詞があります。これはもともとは「にてあり」と言われていたものが「である」と変化し、最終的に「だ」となったものです。関東圏《かんとうけん》を中心にした室町《むろまち》時代の、儒者《じゅしゃ》、禅僧《ぜんそう》たちの講義を書き留めた「抄物《しょうもの》」と呼ばれる資料に出てきます。これに対して関西では、同時期に「であ」から「じゃ（ぢゃ）」という言い方が生まれて来ました。講義では、相手に分からせるということが必要です。そんなときに、「だ」や「じゃ」などの音は、強い語感となって聞こえて説得力があったのではないでしょうか。音便変化ということも言えますが、変化の上での語感も有効に働いたのではないかと考えられます。

だぢづでど

声に出して言ってみよう

だくだく

「痛みを以《も》ってだくだくだくと血が流れ出さずにはいなかった」（長与善郎《ながよよしろう》『青銅《せいどう》の基督《きりすと》』）。

「だくだく」には古くは、三つの使い方がありました。一つ目は、胸などが激しく鼓《こ》動《どう》する様子を表すもので、これはいまなら「ドキドキする」と言われるものです。二つ目は、馬などが勢いよく走っている様子を表す擬音《ぎおん》語で、これは今なら「ダダダダダ」と言われるものです。そして三つ目が用例に出したもので、血や汗《あせ》などが止まらず、激しく湧《わ》き出してくることをいうものです。これら三つには、どれにもリズムが感じられます。上下、左右にリズムを刻むような語感が「だ」にはあるのかもしれません。

だぶだぶ

「水をだぶだぶ含《ふく》ませた雑巾《ぞうきん》で、卓《たく》の上を撫《な》で始めた」（森鷗外《もりおうがい》『食堂』）。

「だぶだぶ」には、水がたっぷりであふれるようなことという意味と、身につけるものが大きくて「ぶかぶか」であることの二つの意味があります。「ぶかぶか」と言い替《か》えられる後者の意味は明治時代になってから使われるようになりました。江戸《えど》時代は「だぶだぶ」はお湯や水、あるいは風呂《ふろ》のことを指す幼児語としても使われていました。水があふれるように上下に揺《ゆ》れる感じがあったからではないかと思われます。

でこぼこ

「みちの雪はかたまってはいましたがでこぼこでしたから馬はたびたびつまづくようにしました」（宮澤賢治《みやざわけんじ》『ひかりの素足《すあし》』）。

「でっぱり」や「くぼみ」があって平らでないことをいいますが、これも標準から「出る」ことを表しています。

でぶでぶ

「丈《たけ》が低く、横にでぶでぶ太って、豚《ぶた》の体に人の首がついているようだ」（岩野泡鳴《いわのほうめい》『耽溺《たんでき》』）。

ある一定の限られた所、標準などを超《こ》えることを「出る」と言いますが、「でぶでぶ」の「で」もあるいは「出る」という言葉と関係があるのかもしれません。十返舎《じっぺんしゃ》一九《いっく》『東海道中膝栗毛《とうかいどうちゅうひざくりげ》』には、人の肥満していることを「でっくり」と表現しているものがあります。

どかどか

「どかどか二階に上がって来た三人連《づれ》の会社員らしい客があった」（水上滝太郎《みなかみたきたろう》『大阪《おおさか》の宿』）。

もともとは足音や太鼓《たいこ》の音などを書いたものです。

「どなる」という言葉がありますが、「ど」にはうるさいことを表す語感があります。また「どあほ」というように強調するような感じもあります。

だぢづでど

どぎまぎ

「彼《かれ》がそれを切り出した時のドギマギした様子は寧《むし》ろ惨《みじ》めな気さえした」（志賀直哉《しがなおや》『暗夜行路《あんやこうろ》』）。

不意をつかれて驚《おどろ》き、うろたえたりすることを「どぎまぎ」と言います。「ドキッとする」というのも、驚《おどろ》いたりなどして心臓の動きが急に高鳴るようなことを言いますが、「どぎまぎ」「どきっ」の「ど」は強調するような語感があるのではないかと思われます。

どしゃぶり

「あまりにも興奮して、どしゃぶりの雨のなか、ずぶ濡《ぬ》れになりながら聴《き》いています」（新海誠《しんかいまこと》『君の名は。』）。

「土砂降り」と漢字で書きますが、「土砂」は当て字です。「どしゃー」という雨の音を表したもので、「しゃー」「さー」と降る雨の音を強調して「ど」とつけたのが「どしゃ降り」です。この「ど」には雨の音の「うるささ」も加味されています。

45

ば〜ぼ

【ba】【bi】【bu】【be】【bo】

はっきり言えずに ぶつぶつ

「ぼこぼこ」「ぶくぶく」
内側に籠《こ》もった力が
発せられる語感の「ばびぶべぼ」

はっきりできないのです

五十音図の行の中で、唯一《ゆいいつ》、清音と濁音《だくおん》と半濁《はんだく》音《おん》があるのが、ハ行です。「はひふへほ」という音もあまりはっきりした音ではありませんが、「ばびぶべぼ」も、「ば」と「び」を除いてはあまり緊張《きんちょう》感を感じる語感ではありません。

たとえば、主に男の子が使う自称《じしょう》の「ぼく(僕)」にしても、柔《やわ》らかい感じがしませんか。少し古い言葉になるかもしれませんが、男の子を呼ぶ「ぼっちゃん」という言葉と「ぼく」という言葉が同じ「ぼ」で始まるというのも必ずしも偶然《ぐうぜん》ではないのではないでしょうか。

また「ぶ」という音も、口の中にある程度の空気が入っていないと出ない音です。不平不満があるとき、我々は口を膨《ふく》らませて「ぶつぶつ」言っ

ばびぶべぼ

たりしますが、「ぶー」たれたり、「ぶすっ」としてみたり、口だけではなく心の中にもどうしようもない、はっきりしない気持ちを膨《ふく》らませてしまっているような気がします。

内側に籠《こ》もってしまっています

これらに比べて「ば」と「び」は、激しさや緊張《きんちょう》感を感じる言葉が多いようです。「ばりばり」「ばきばき」「びりびり」「びちょびちょ」などは、いずれも力が漲《みなぎ》るような語感があります。もちろん「ば」や「び」を支える母音の強さということもあるのでしょう。ただ、活用語の仮定形につく「ば」（例：行けば、買えばなど）、また古語に見える動作の対象を強調する「をば」などの言い方で使う「ば」というのは、そこに焦点《しょうてん》を当てさせるようなスポットライトの役割をしています。

また「び」にしても、「美」「微」「日」「火」を「び」と読むように、内側に籠《こ》もった力が緊張《きんちょう》感をもって発せられている感じを受ける言葉が多いのではないかと思います。

声に出して言ってみよう

ばくばく

「鼈甲《べっこう》羅宇《らお》の長煙管《ながぎせる》でバクバク燻《ふ》かして」（内田魯庵《うちだろあん》『社会百面相（上）失意政治家』）。

「ばくばく」という言葉は四つの意味で使われます。一つ目は「しまりがないさま」をいうもので「服が大きすぎて**ばくばく**する」というような言い方で使います。二つ目は、物を盛んに食べるさま。三つ目は、心臓の鼓動《こどう》が激しいさま。そして四つ目がこの例文で出した「タバコを勢いよくふかすさま」を表すものです。共通して言えるのは、出たり入ったりするような語感があります。

ばりばり

「じゅんじゅん焼けてまだ煙《けむり》の出ている油《あぶら》揚《あ》げをお皿に移して、すぐ醤油《しょうゆ》をかけるとばりばり跳《は》ねる」（内田百閒《うちだひゃっけん》『御馳走帖《ごちそうちょう》』）。

「ばりばり」は、勢いのいいことをいいます。雷《かみなり》の音も激しく鳴るときは「ごろごろ」より「ばりばり」と形容したりします。「ごろごろ」は、どちらかと言えば雷《かみなり》の音も雲の中でくぐもった感じですが、「ばりばり」というと、空気を劈《つんざ》いてこちらに向かってくるような感じを受けます。また「ばーっ」という言葉も、ものが勢いよく一面に広がるときに使いますが、激しさを

ばびぶべぼ

感じますね。

びちゃびちゃ

「朝の旭町《あさひまち》はまるでどろんこのびちゃびちゃな街だ」（林芙美子《はやしふみこ》『放浪記《ほうろうき》』）。

「びちゃびちゃ」は、水などの液体にひどく濡《ぬ》れていること、あるいは水などをはね返すことを表す言葉です。「びちょびちょ」という言い方もありますが、「びちゃびちゃ」の方が、粘着力《ねんちゃくりょく》があるような印象を受けます。また「び」という音にも、「ば」ほどではないにせよ、外側に向かって緊張《きんちょう》させるような感じがあります。

びんびん

「そこまでびんびんと響《ひび》いて来る時代後《おく》れな太棹《ふとざお》の余韻《よいん》に反抗《はんこう》するような気持で云った」（谷崎潤一郎《たにざきじゅんいちろう》『蓼食《たでく》う虫』）。

「太棹《ふとざお》」とは、義太夫《ぎだゆう》用の三味線を言いますが、胴体《どうたい》も弦《げん》もふつうのものに比べて大きく、激しい音がします。唸《うな》るように高い激しい音を形容したものですが、弦《げん》の振動《しんどう》が激しく、周りの空気が緊張《きんちょう》している感じを受けます。

ぶかぶか

「どいつもこいつも大柄《おおがら》な身体《からだ》つきのくせに、着ている詰襟《つめえり》の制服はひどくぶかぶかだった」（畑山博《はたやまひろし》『いつか汽笛を鳴らして』）。

身につけているもののサイズが大きすぎることを「ぶかぶか」と言いますが、江戸《えど》時代は人が肥満していることも「ぶかぶか」と言いました。「ぶた」の語源は不明ですが、「ぶ」という音は、不格好に大きいこと、だぶだぶと余っていることを表す語感を感じます。

ぶりぶり

「**『だまれ、無礼もの、その方などの口を出すところでない』柏《かしわ》の木大王がぶりぶりしてどなりました**」（宮澤賢治《みやざわけんじ》『かしはばやしの夜』）。

「ぶりぶり怒《おこ》る」に似た言い方で「ぷりぷり怒《おこ》る」と言ったりします。「ぷ」の語感については後に触《ふ》れたいと思いますが、「ぶりぶり」には「ぶうたれる」という言葉に共通する感覚があるのではないかと思います。「ぶうたれる」の「ぶう」は怒《いか》りや不満の感情が心の中にたまって膨《ふく》らんでだぶついて不平や不満を言う感じがします。そして「ぷりぷり」に比べると、その不平不満の言い方に長い時間が掛《か》かるような感じがします。

べとべと

「**野も、畑も、緑の色が、うれきったバナナのような酸《す》い匂《にお》いさえ感じられ、いちめんに春が爛熟《らんじゅく》していて、きたならしく、青みどろ、どろどろ溶《と》けて氾濫《はんらん》していた。いったいに、この季節には、べとべと、噎《む》せるほどの体臭《たいしゅう》がある**」（太宰治《だざいおさむ》『八十八夜』）。

「べとべと」は、水分を含《ふく》んで粘《ねば》るようにくっつくことを表します。静岡県、奈良県《ならけん》などには「べとべとさん」という妖怪《ようかい》がいるとされ、夜中、後ろからべとべとという足音を立てて人の後ろをついてくるそうです。姿はなく足音だけだということですが、カエルのような指の長い足で、そんなにた

ばびぶべぼ

くさんではない水が湧《わ》いて濡《ぬ》れた山路を歩いているときに現れるような感じがします。

べりべり

「不思議に思って傘《かさ》を少し傾《かたむ》けようとすると、その途端《とたん》に傘《かさ》がべりべりと裂《さ》けた」（岡本綺堂《おかもときどう》『半七捕物帳《はんしちとりものちょう》』）。

「べりべり」は、例文のように布や紙が裂《さ》けるときに使う擬音《ぎおん》語ですが、江戸《えど》時代には「**べりべり喋《しゃべ》る頬《ほお》げた**」（浄瑠璃《じょうるり》『長町《ながまち》女腹切《おんなのはらきり》』）のように、「べらべら」とよくしゃべるという意味にも使われました。布や紙が裂《さ》けるときの音といっても、「べりべり」には、繊維《せんい》が絡《から》まっていたりして無理矢理破るような感じがします。

ぼくぼく

「馬の糞《ふん》やら尿《にょう》やらが、ボクボクした土に浸《し》み込《こ》み、一種異様な悪臭《あくしゅう》を発散させている」（荒畑寒村《あらはたかんそん》『チタの滞在《たいざい》』）。

「ボクボクした土」は、「ボコボコした土」と言《い》い替《か》えることも可能でしょう。柔《やわ》らかくて適度な湿《しめ》り気《け》や弾力《だんりょく》もある土が連想されます。また空気もたくさん土の中に溜《た》まっていて踏《ふ》むと、気持ちよく足が入っていきそうな感じもします。「ぼ」には、もわっとした語感があるのではないでしょうか。

46

ぱ〜ぽ

【 pa 】【 pi 】【 pu 】【 pe 】【 po 】

パッと明るく！

なるほど

藤原《ふじわらの》不比等《ふひと》は「プディパラのプピチョ」
軽快でかわいい語感の「パピプペポ」

いないいないパァ

すでに記しましたが、現代日本語の「ハヒフヘホ」は、江戸《えど》時代になってから発音されるようになったもので、その前は、上下の唇《くちびる》を二つ合わせて「ファフィフゥフェフォ」と発音していました。

さらに平安時代初期まで遡《さかのぼ》ると「パピプペポ」と発音されていたのです。

さて、赤ちゃんに、両手で自分の顔を隠《かく》して、両手を開いて自分の顔を見せる「いないいないばあ」という遊びがあります。「ばあ」という音を聞くたびに、筆者は「おばけ（化け物）」の「ば」を連想してしまいます。もしかしたら、本来は「ばあ」とは言わずに「ぱあ」と言っていたのかもしれないと思うのです。それは、今まで見えなかったものが「パッ」と見えるようになったとい

ぱぴぷぺぽ

う遊びだからです。「ハ」が「パ」だったという点からしても「花、開く」を古代の日本人が「パな、ピらく」と発音していたとすれば、パッと軽快に花弁が開くことこそにその語感の意味があったのではないかと思うのです。

ピーチクパーチクなくうぐひす

ところで、『古今和歌集』に「**梅の花見にこそきつれうぐひすのひとくひとくと厭《いと》ひしもをる**（梅の花を見に来てみたら、うぐいすが「人が来る、人が来る」と嫌《いや》がって歌っている）」という歌が載《の》っています。

うぐいすは、桜の季節になると「ホーホケキョ」ときれいな声で鳴くようになりますが、梅の季節はまだ「ピーチク・パーチク」としか鳴けません。じつは、この歌の「ひとくひとく」は「人来」と「ピーチク」という鶯《うぐいす》の鳴き声を掛《か》けているのです。

「ぱぴぷぺぽ」という音は、軽く、陽気でポップな感じの音感があります。悪く言うと幼稚《ようち》な感じといってもいいのかもしれませんが、最近では、人の名前、芸能グループの名前などでもよく使われるようになってきています。これは、閉塞《へいそく》した社会に対して軽さや陽気さを求める集団心理の表れなのかもしれません。

声に出して言ってみよう

ぱきん

「人形は床《ゆか》へ落ちると、パキンと、呆気《あっけ》ない音をたてて壊《こわ》れた」（赤川次郎《あかがわじろう》『滅《ほろ》びの庭』）。

「パ」という音は、軽く乾《かわ》いた感じがします。人形が壊《こわ》れる音が「バキン」としたと書かれていたら、どのような感じを受けますか？　その人形が重いこと、修復不可能なくらい致命的《ちめいてき》に壊《こわ》れているような感じを受けませんか。「パキン」だと、人形がセルロイドか軽い木で作られているような感じで、部分的に直すことができそうな壊《こわ》れ方をしているような気がします。

ぱこぱこ

「底の部分をパコパコ押《お》して、首の中へ液体を注入している様子だ」（原田宗典《はらだむねのり》『どこにもない短篇集《たんぺんしゅう》』）。

薄《うす》いものが凹《へこ》んだり出たりするときの擬《ぎ》音《おん》語に使われる「パコパコ」という音はとても軽快な感じがします。これが「バコバコ」だと、「パコパコ」に比べて、重さを感じるのと、その凹凸《おうとつ》する部分に広い面積があるような印象を受けます。

ぱさぱさ

「ものを食べても、ぱさぱさした紙を噛《か》ん

ぱぴぷぺぽ

でいるようで、味はまったくしなかった」（片山恭一《かたやまきょういち》『雨の日のイルカたちは』）。

もうひとつ例を挙げましょう。「ぱさぱさした紙」と「ばさばさした紙」ではどのような違《ちが》いを感じますか。

どちらからも乾燥《かんそう》している感じは受けますが、「ばさばさした紙」だと「ぱさぱさした紙」より重さを感じます。

ぴかぴか

「**迎《むか》えの車はどの車も光っていたが、彼《かれ》のは群を抜《ぬ》いてピカピカであった**」（向田邦子《むこうだくにこ》『無名仮名人名簿《むめいかめいじんめいぼ》』）。

「ひかり（光）」という言葉を古代の日本人は「ピカリ」と発音していました。艶《つや》があってその光を燦然《さんぜん》と輝《かがや》かせていることを表す音としては「ぴ」の語感はぴったりなのではないかと思います。これが「びかびか」だと、重い下品さを感じてしまいます。

ぴん

「**そして宇宙のハジマリはどうであったか？　我々の持ち合わせていない感覚が、すべて、ピーンの中にある気がする**」（野田秀樹《のだひでき》『おねえさんといっしょ』）。

宇宙の始まりに音があったとしたら……ビッグ「バン」と言われると巨大《きょだい》な爆発《ばくはつ》のように思えますが「ピーン」と表現されていると音はほとんど聞こえず、ただ見えない糸のような光が一本端《はし》から端《はし》まで通じて行くような感じを受けます。

ぷでぃぱらのぷぴちょ

『竹取物語』では、かぐや姫《ひめ》に求婚《きゅうこん》する五

人の貴公子《きこうし》のうち、車持皇子《くらもちのみこ》は藤原不比等《ふじわらのふひと》（六五九〜七二〇年）がモデルだとも言われます。それはともかく、藤原鎌足《ふじわらのかまたり》の次男として、その後の「藤原家《ふじわら》」の家祖としても名高い「不比等《ふひと》」の名前は、漢文訓読すれば「比べ等《なら》べざる」ということで「他に比べることさえできない人」とも読むことができます。素晴《すば》らしい偉大《いだい》な人という感じがしますが、当時の読み方で呼ぶと「プディパラのプピチョ」となって、なんともかわいい感じになってしまいます。もし、タイムマシンに乗って過去に行き、藤原不比等《ふじわらのふひと》に会うことがあったら、ぜひ、「プピチョツァマ（不比等さま）」と呼んでみて下さい。

ぷりぷり

「彼女《かのじょ》はぷりぷりしながら行ってしまい、私は間《ま》の抜《ぬ》けた思いで椅子《いす》に戻《もど》った」（宮《みや》部《べ》みゆき『龍《りゅう》は眠《ねむ》る』）。

「ぷりぷり」には、三つの意味での使い分けがあります。ひとつは例文のように、怒《いか》りで頬《ほお》を膨《ふく》らませること。二つ目は弾《はじ》けそうなくらい弾力《だんりょく》に富んでいることで「**ぷりぷりした白い肌《はだ》**」（田村泰次郎《たむらたいじろう》『蝗《いなご》』）のように使います。もうひとつは「**ぷりぷりした木耳《きくらげ》**」（開高健《かいこうけん》『青い日曜日』）のように、口の中で活《い》きのいい歯応えを感じるときに使います。いずれにせよ、弾《はじ》けるような、膨《ふく》らんだものを表すという点で共通した語感を持っています。

ぷるん

「がらんとした通路を照らす裸《はだか》光線の下で、美人ガードマンのヒップが、くいこむよう

ぱぴぷぺぽ

にぴっちりフィットしたブルーのジーパンごしに、目の前でひと足ごとに、ぷるん、ぷるんと躍動《やくどう》している」（江國滋《えくにしげる》『わん・つう・すりー　アメリカ阿呆《あほ》旅行』）。

一瞬《いっしゅん》、弾《はじ》けるように揺《ゆ》れることを表す「ぷるん」は、「ぶるん」のような重さは感じません。また「ぶるん」が一瞬《いっしゅん》の動きの中にも細かな振動《しんどう》を感じるのに対して、「ぷるん」からは滑《なめ》らかさを感じるのではないでしょうか。

ぺかぺか

「地球人DNAで構成されているおれの肉体は、温泉効果でツルツルぺかぺか、どこもかしこも絶好調だってのに」（喬林知《たかばやしとも》『めざせマのつく海の果て！』）。

山本夏彦《やまもとなつひこ》はブリキの箱について「あれはペカペカしてやっぱり手が切れそうである」（『変痴気論《へんちきろん》』）と使っています。

「ペコペコ」からは、まず高貴な感じは受けません。安っぽいもの、薄《うす》っぺらいもの、すぐに壊《こわ》れそうなもの、たわみやすいもの、というような感じを受けるのではないでしょうか。

ぺしゃんこ

「あと五十センチずれていたら僕《ぼく》の頭蓋《ずがい》はぺしゃんこになっていただろう」（谷川流《たにがわながる》『電撃《でんげき》!!イージス5』）。

押《お》しつぶされてペラペラなものになることをいいます。「崖《がけ》から落ちてぺしゃんこになった父親の車」（井上荒野《いのうえあれの》『だりや荘《そう》』）、「電車に轢《ひ》かれた蝦蟇《がま》のようにペシャンコに潰《つぶ》れて了《しま》う」（内田魯庵《うちだろあん》『読書放浪《ほうろう》』）など、形があるものが無惨《むざん》にも一瞬《いっしゅん》で潰《つぶ》れてもとの形を失ってしまうことで、とても安っぽい語感があります。

ぽちゃん

「アブリルはちろちろと音を立てて流れている小川に近づいて、ぽちゃん、と片足ずつ水に足を沈《しず》めてみた」（桜庭《さくらば》一樹《かずき》『GOSICK《ゴシック》 4』）。

水の表面に石などの小さな物が落ちる音を「ぽちゃん」とか「ぽちゃり」と表現します。例文では「片足ずつ」となっていますが、やさしく足を入れると、水の表面ははじけて音を立てます。入れ方が激しければ「バチャバチャ」あるいは「バシャバシャ」という音になるのではないでしょうか。「ぽちゃん」という音は、小さく、表面がはじけるような軽い語感があるのではないかと思います。

ぽっかり

「続けてごごっというこすれるような音と共にぽっかり深い穴が開いた」（有沢《ありさわ》まみず『いぬかみっ！ 6』）。

どうして「穴が開く」ことを「ぽっかり」と表現することができるのでしょうか。それは「ぽ」の発音の仕方とも無関係ではないのかもしれません。「ぽ」を発音するとき、我々は上下の唇《くちびる》を閉じ、「お」の発音をするために小さく前の唇《くちびる》を丸く開けます。そのときにはじけて出る音が「ぽ」です。まるで小さな穴が開くような感じですね。発音の仕方と音の間にもこのような言葉の関係があるのかもしれません。

column 05

ビジネスに使える！説得の語感

最近、少なくなりましたが、「**がんばります！**」「**ガツンといきます！**」「**がまんする！**」「**ギラギラ**」「**グングン**」「**ゴゴゴー**」と、力を入れて言うコマーシャルが以前はたくさんありました。

お気付きのように、どれも「が」行の音が語頭に使われています。

学生からも、就職活動や卒業論文提出の時期になると「**ガーッ**と行きます」という言い方をまだ時々聞くことがあります。

「ガー」と、一気に現状を打開して、希望以上の就職や優秀《ゆうしゅう》な卒論が書ければいいのですが、そんなことはほとんどありません。

というより、時代は、「が」行で始まることから次の段階に入ってしまっています。

「がんばる」「ガツン」「がまん」「ゴー」より、計画を立てて、毎日、「少しずつ」、「習慣化」して人生を歩まなければ「失敗」するという言い方がされるようになったのです。

「が行」から「さ行」へのシフトと言うことができるかもしれません。

「**さらり**」と、「**しなやか**」「**しずか**」に、「**すっきり**」仕事をしていく。というより、あるいは濁音《だくおん》で始まる言葉が、避《さ》けられるようになってきたのかもしれません。

そして、それはもしかしたら、女性の社会進

出（こういう言い方も、もはや時代《じだい》遅《おく》れですが）の反映なのかもしれないと思うのです。

すでに本文にも書きましたが、日本語を書き表すための〈かな〉に、濁音《だくおん》専用の文字を必要としない選択《せんたく》をしていたのです。それは、もちろん女性を中心とした和語の言語体系に基づくものです。

漢語の文化に支えられた男性社会が主流であった奈良《なら》末期から平安時代のごく初期までに使われた万葉仮名には、濁音《だくおん》を表すものも使われていますが、〈かな〉の発生と同時に、我《わ》が国の文化は、急に女性を中心としたものになっていきます。

九〇〇年頃《ごろ》の時代と、現代を簡単に比較《ひかく》することはできませんが、現在、日本語に歴史的な変化が起こっていることは論をまちません。

日本語の変化と社会の変化は無関係ではありません。語頭が濁音《だくおん》で始まる言葉がコマーシャルで使われなくなってきたということも意識してみるとおもしろいのかもしれませんね。

最近の流行《はや》りは「パピプペポ」です。「きゃりーぱみゅぱみゅ」さんのデビュー、２０１１年頃から「パピプペポ」という音ではじまることばを多く耳にするようになりました。

はじけるような元気、幼稚さかわいさ、そんなものが現代の日本語には一番マッチしているのかもしれません。

おわりに

語彙《ごい》力のなさを嘆《なげ》く人がたくさんいます。

三十年前に比べて、国民の読書量が三分の一に低下しているという調査結果を見れば、現代の我々に語彙《ごい》力が不足していることは当然でしょう。ただ、語彙《ごい》力は読書量を増やし、それをアウトプットする場を多く作っていけば、確実に増やしていくことができます。

しかし、語感力はどうでしょう。

読書量を増やすことも大切でしょうが、「語感力」を伸《の》ばすためには「感じる力」が必要です。「感じる力」、それは自然の音を心一杯に感じ、古代の日本人のように、その音を言葉にしてみるなどの遊びをたくさんすることによって磨《みが》かれていきます。

和歌や短歌、連歌、俳句は、語感力を鍛《きた》えるためには格好の遊びです。

「難しいです」と仰《おっしゃ》る方もいらっしゃるでしょう。まず、松尾芭蕉《まつおばしょう》の俳句を毎日、一句ずつ季節に合わせて声に出して読んでみてはいかがでしょう。芭蕉《ばしょう》が作った俳句は全部で千六十六句です。一句読むのに、30秒も掛《か》かりません。

毎日一句ずつ読むと三年弱掛《か》かりますが、三年後には芭蕉《ばしょう》の使う語感が自分に染《し》みているのを感じることになるでしょう。

でも、芭蕉《ばしょう》の俳句を読む時、必ずして欲しいのが、音読です。

目だけでは読まないこと！　語感を鍛《きた》えるには、五感を使うことが大切です。

これは外国語を学ぶ時にも言われることです。

動詞を覚える時には、その動作をしながら単語を反復練習しなければ、身に付かないということと同じです。たとえば、フランス語の「行く」という動詞「aller（アレ）」を覚えようとするなら、足を動かして「aller」とどこかに「行く」動作をすると、定着率も高いし、速いということがすでに語学習得のための脳科学では明らかにされています。

同じように、語感力の高い作品は、ぜひ、五感を存分に使って音読して欲しいのです。

「考えるより、感じろ！」です。

毎日、音読を続けながら、作家の語感に感心し、この言葉が別のこの言葉で書かれていたらもっと違う印象だっただろう……などということをよく考えていました。それを「語感力」だと気がつかせて下さったのは、本書の企画をして下さった笠間書院の山口晶広様のお陰《かげ》です。

ここに記して衷心《ちゅうしん》より御礼を申し上げたく存じます。

語感を磨《みが》くと、世界はもっと活《い》き活《い》きとしたものに見えて来ます。そして、それこそが、日本語の文化をさらに発展させることになるのです。本書がその一助にならんことを祈りつつ。

二〇二〇年七月吉日　山口謠司拝

山口謠司（やまぐち ようじ）

1963年、長崎県佐世保市生まれ。大東文化大学文学部中国文学科教授。中国山東大学客員教授。博士（中国学）。大東文化大学文学部卒業後、同大学院、フランス国立高等研究院人文科学研究所大学院に学ぶ。ケンブリッジ大学東洋学部共同研究員などを経て、現職。専門は、文献学、書誌学、日本語史など。イラストレーター、書家としても活動。
主な著書に、『ん―日本語最後の謎に挑む』（新潮社）、『心とカラダを整える おとなのための1分音読』（自由国民社）、『文豪の凄い語彙力』（さくら舎）ほか多数。

日常会話からネーミングまで
語感力事典

2020年9月25日　初版第1刷発行

著者　山口謠司
イラスト　間芝勇輔
発行者　池田圭子
発行所　笠間書院
〒101-0064　東京都千代田区神田猿楽町2-2-3
電話03-3295-1331　FAX03-3294-0996

ISBN 978-4-305-70927-1

アートディレクション ― 細山田光宣
装幀・デザイン ―― 鎌内文（細山田デザイン事務所）
本文組版 ―― キャップス
印刷／製本 ―― 大日本印刷

語感語彙索引

索引は、**声に出して言ってみよう**掲載の語彙とその例文・出典で構成しました。

カ阿呆旅行』

ぺ

ぺかぺか …… 215

地球人DNAで構成されているおれの肉体は、温泉効果でツルツルぺかぺか、どこもかしこも絶好調だってのに
喬林知『めざせマのつく海の果て！』

あれはペカペカしてやっぱり手が切れそうである
山本夏彦『変痴気論』

ぺしゃんこ …… 215

あと五十センチずれていたら僕の頭蓋はぺしゃんこになっていただろう
谷川流『電撃!!イージス5』

崖から落ちてぺしゃんこになった父親の車
井上荒野『だりや荘』

電車に轢かれた蝦蟇のようにペシャンコに潰れて了う
内田魯庵『読書放浪』

ぽ

ぽちゃん …… 216

アブリルはちろちろと音を立てて流れている小川に近づいて、ぽちゃん、と片足ずつ水に足を沈めてみた
桜庭一樹『GOSICK　4』

ぽっかり …… 216

続けてごごごっというこすれるような音と共にぽっかり深い穴が開いた
有沢まみず『いぬかみっ！ 6』